KNITTED LACE II
(Kunst-Stricken II)

Marie Niedner
Gertrud Billforth
Edith Wallach
Margarete Lang

edited by Jules & Kaethe Kliot

LACIS PUBLICATIONS
Berkeley, California

This LACIS publication consists an abridged republication of:
BEYERS KUNST-ST TRICKEN II, BAND HANDARBEITSBUCHER —55- by Marie
Niedner and Gertrud Billforth published by Verlag Otto Beyer, Leipzig, 1926 and
the knited lace section from *DAS STRICKEN* by Edith Wallach and Margarete Lang
puiblished by Verlag der Ullstein-Schnittmuster, Berlin, 1922

The fold-out charts from the original publication have been incorporated into
the text pages of this book.
Original page numbers have been retained for text reference purposes

Notes and English translations by Publisher.
with thanks to Etha Schuette for her assistance
Technical restoration by Perrin Kliot

SUPPLIES:
LACIS, 2982 Adeline Street. Berkeley, CA 94703
web: lacis.com
Lace needles to 8-0, fine yarns, books and patterns

LACIS

PUBLICATIONS
3163 Adeline Street

Berkeley, CA 94703

© 2002, Lacis
ISBN 1-891656-42-2

INTRODUCTION

This book presents additionl lace knitting patterns from Germany in the early 20th c, a great period of exploration and development of knitted lace.

Graphic representation, still a new tool, while allowing the recording of these ventures, showed little standardization, each designer assigning their own appropriate symbols to further challenge the lace maker.

While not for the novice, these patterns should present little problem for the knitter familiar with the charted designs found in the recent publications of Anna, and Mani di Fata.

Original German text has been retained with working notes in English provided to assist the knitter.

This volume consists of 2 separate works:

KUNST-STRICKEN II by Marie Niedner and Gertrud Billforth, in its entirity and the knitted lace section of

DAS STRICKEN by Edith Wallach and Margarete Lang which also included a section on knitted garments.

With needle and thread sizes determining the size of the finished piece, test samples are recommended, starting with #   0 needle amd a #20 crochet cotton.

Reference should be made to KNITTED LACE (Kunst-Stricken) by Marie Niedner & Hussi von Reden, the first book of this series for the basic stitches.

CONTENTS

Note: Numbers in [ ] designate page numbers of this book. Other page references are from original publications and are retained for text continuity.

TRANSLATION OF TERMS

Abhakeln	Crocheting Off
Abketten der Maschen	Casting Off
Abschnitt	Section
Achteckiges	Eight sided doily
Aeilstuck	Pattern Section
Anschlagen von Maschen	Casting On
[12 Maschen Anschlag]	[Cast on 12 stitches]
Beutel	Bag
Bluse	Blouse
Decke	Doily
Ecke	Corner or Point
Einmal	Once
Einsatz	Insert
Fenstervorhang	Window Curtain
Fertigstellen	Finishing
Feste Masche	Single Crochet
Forhang	Curtain
Greldborse	Coin Purse
Gestrickte Kantchen	Knitted Edgings
Glanzgarn	Pearl Cotton
Grundmuster	Ground Pattern
Gurtel	Belt
Haarband	Hair Band
Hakelgarn	Crochet Cotton
Hakelnadel	Crochet Hook
Halbhandschuh	Half Glove
Handschuh	Gloves
Holzperlen	Wooden Beads
Kinder Haubchen	Child's Bonnet
Kinder Jackchen	Child's Jacket
Kinder Strumpf	Child's Stockings
Kissen	Pillow
Kragen	Collar
Kuchenhglacke	Cake Cover
	Lang Long
[Langer Handschuh]	[Long Glove]
Links Stricken	Pearl (P.1)
Luftmasche	Chain
Mal	Times
[3 Mal]	[3 Times]
Masse.	Measurements
Metall-Strickereien	Metallic Thread
Muschel	Mussel or Shell Sticth. Designated on pattern by "VV"

[4]

German	English
Mustern	Pattern
Mustertouren or Musterrunde	*PATTERN ROWS* (Odd numbered rows)
Nadel	Knitting Needle
[6 Nadeln No 0]	[(6) #0 Knitting Needles]
Perlen	Bead or Pearl
Pfouenfeder	Peacock Feather
Randspitz	Border Edging
Rechts Stricken	Knit (K.1)
[13 Rechts]	[Knit 13]
Rund	Round
[Rund Deckchen]	[Round Doily]
Runden	Rows
Spannen	Stretching
Spitzen	Edging
Strickmasche	Knitting Stitch
Stricknadeln	Knitting Pins (Needles)
Strumpf	Stocking
Tasche	Purse or Handbag
Taschentuch	Handkerchief
Tellerdeckchen	Plate Doily
Touren	Rows
[1 Tour Rechts]	[1 Row Knit Stitches]
Typensatz	Pattern
Viereck	Square or 4-Corners
Waggendecke	Carriage Blanket
Waschen	Washing
Weinglasdeckel	Wine Glass Cover
Wiederholen	Repeat
Zacken	Pointed Edge
Zweimal	Twice
Zwischentaures	Between rows (even numberewd rows)
Maschen Zuruck	Put last stitch(es) to first needle
Abstricken	Knit off
Mehrfachen	Multiple
Umschlage	Yarn over

ABREVIATIONS

bet	between row(s)	K Knit (K1)	S slip
C	Cast on	ndl needle	St Stitch
ch	chain	P Pearl (P1)	tbl K thru back of loop
cro	crochet	pat pattern	yo yarn over
decr	decrease	rep repeat	x times
incr	increase	R Row	

SYMBOLS

NIEDNER / BILLFORTH (PGS 7-66)		WALLACH / LANG (PGS 67-119)
□	lift off	
■	knit (k1)	□
⊟	purl (p1)	⊟
─□	cast off	
○	1 yarn over (1 yo)	■
	2 yarn over	⊞
◆	knit through back of loop (tbl)	⊠
◣	slip 1, knit 1, pass slip stitch over (psso)	⧅
◢	knit 2 together (k2tog)	⧄
	knit 4 together	▯▯▯
	knit 5 together	◇
◿	purl 2 together (p2tog)	▭
△	purl 3 together (p3tog)	▥
	slip 1 (lift 1 off)	▣
	crochet off	☰
	knit 2 crosswise: pull 2nd stitch through 1st stitch, knit 1, then the other	⧓
	knit 2 from 3 stitches: knit 3 together, lift new stitch back onto left needle, then knit this stitch through back of loop	⊠
Λ	slip 1, knit 2 together, pass slip stitch over	⧍
Λ	pass slip stitch over (psso)	
∧ 5	knit 5 tog. through back of loop (k5tog tbl)	
└	knit 2 tog. through back of loop (k2tog tbl)	
Ш	knit 3 tog. through back of loop (k3tog tbl)	
V	knit 2 into 1 stitch	⧄⧅
4 ∨	knit 4 into 1 stitch	
7 ∨	knit 7 into 1 stitch or yarn over	

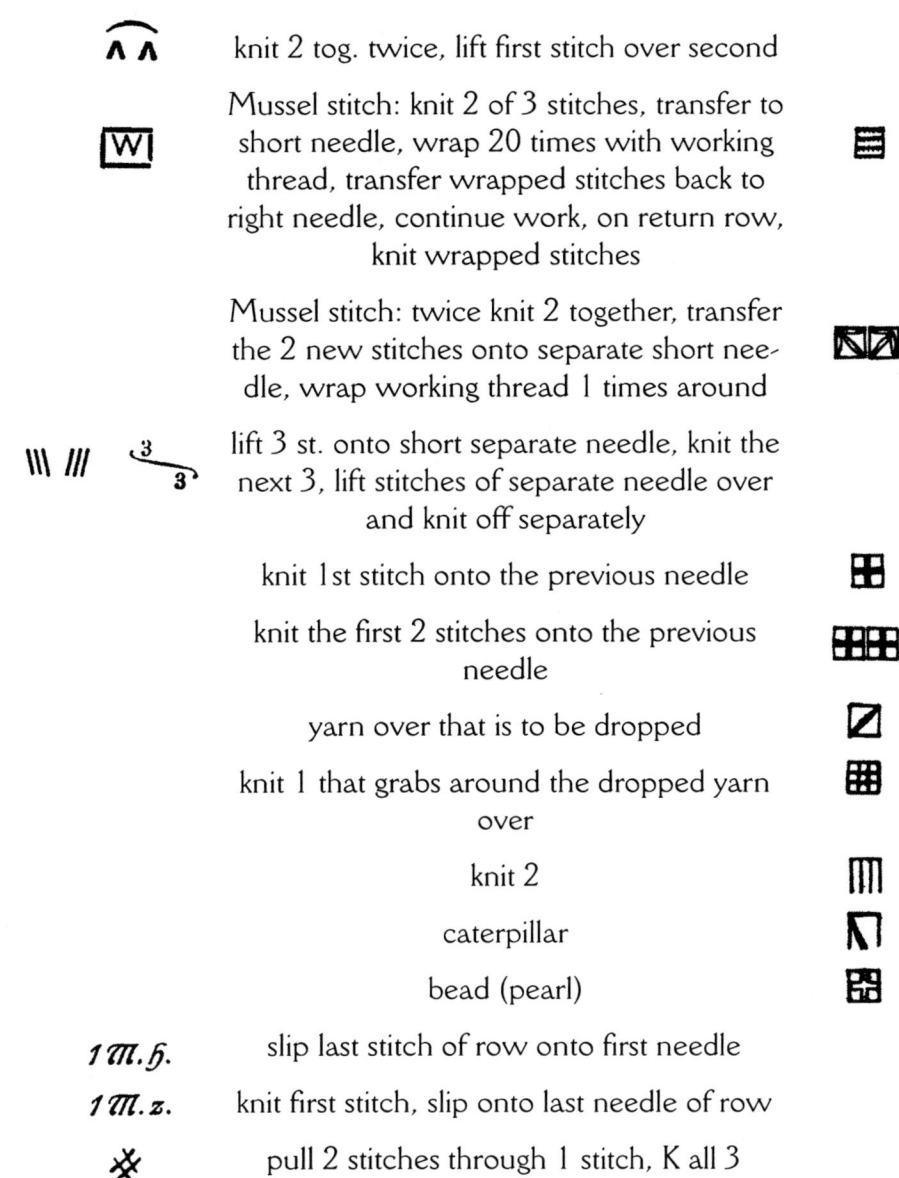

	knit 2 tog. twice, lift first stitch over second
	Mussel stitch: knit 2 of 3 stitches, transfer to short needle, wrap 20 times with working thread, transfer wrapped stitches back to right needle, continue work, on return row, knit wrapped stitches
	Mussel stitch: twice knit 2 together, transfer the 2 new stitches onto separate short needle, wrap working thread 1 times around
	lift 3 st. onto short separate needle, knit the next 3, lift stitches of separate needle over and knit off separately
	knit 1st stitch onto the previous needle
	knit the first 2 stitches onto the previous needle
	yarn over that is to be dropped
	knit 1 that grabs around the dropped yarn over
	knit 2
	caterpillar
	bead (pearl)
1 M.h.	slip last stitch of row onto first needle
1 M.z.	knit first stitch, slip onto last needle of row
	pull 2 stitches through 1 stitch, K all 3

BIBLIOGRAPHY:

THE FIRST BOOK OF MODERN LACE KNITTING, Marianne Kinzel

THE SECOND BOOK OF MODERN LACE KNITTING, Marianne Kinzel

CREATING ORIGINAL HAND-KNITTED LACE, Margaret Stove

THE ART OF SHETLAND LACE, Sarah Don

THE KNITTED LACE PATTERNS OF CHRISTINE DUCHROW, Vols. 1-3

KNITTED LACE (KUNST-STRICKEN) Marie Niedner & Gussi von Reden

LAVORI ARTISTICI A CALZA (Various Volumes), Mani de Fata

KUNSTRICKEN (Various Volumes), Burda

PATTERNS FOR THE ART OF LACE KNITTING, THE COMPLETE WORKS OF GLORIA SCHNELLING

TRICOT HOGAR #1, Muestras Y Motivos

Beyers Handarbeits-Bücher ✤ Band 55

Kunst-Stricken

Heft II

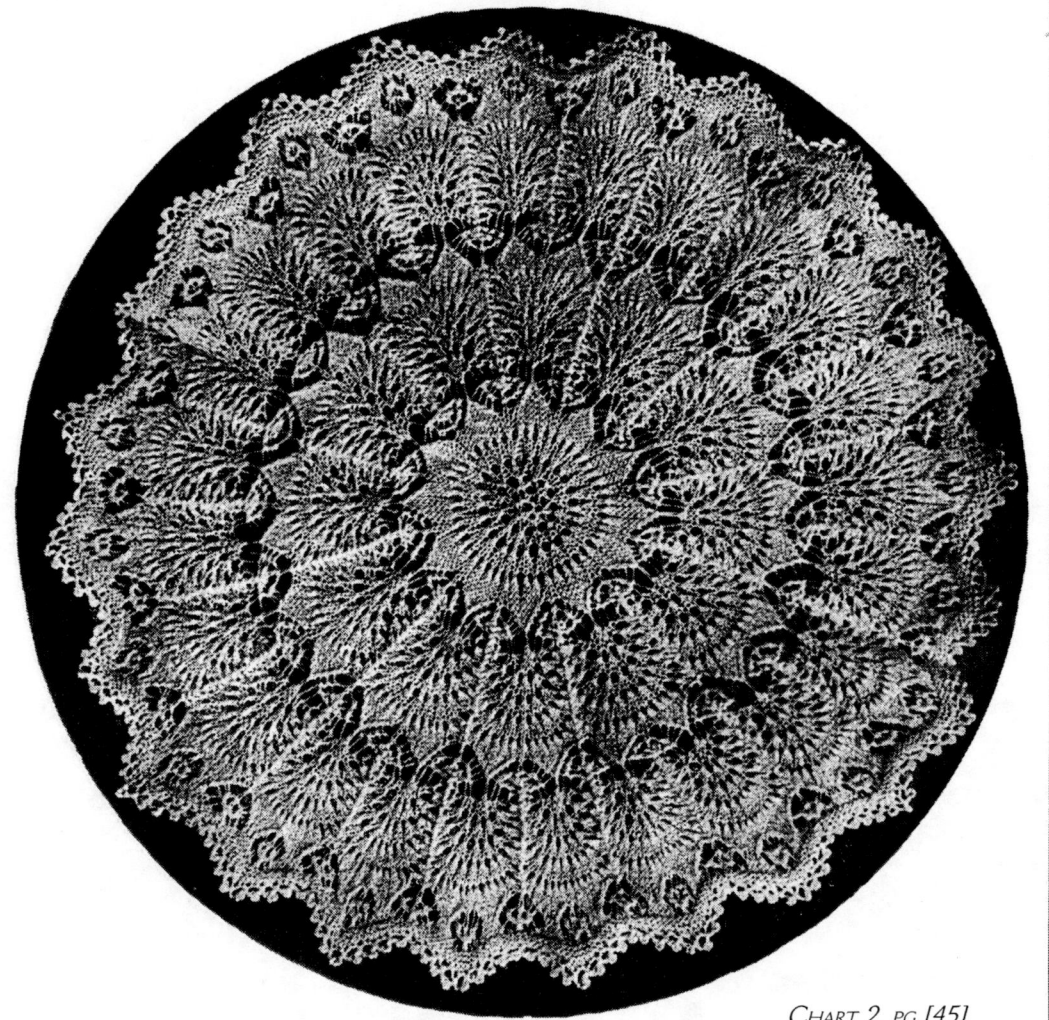

CHART 2, PG [45]

Beschreibung auf Seite 34

Mit 40 Abbildungen und 2 Beiblättern

Bearbeitet von

Marie Niedner und Gertrud Villforth

Verlag Otto Beyer, Leipzig

Einführung

Das Kunst-Stricken, das unsere Urgroßmütter schon kannten und fleißig ausübten, ist jetzt wieder zu seinem Recht gekommen. Kann man doch schon mit wenig Material schöne Gegenstände anfertigen. Da sieht man Decken im sogenannten Biedermeiergeschmack, aus lose gedrehtem Glanzgarn gestrickt, oder kunstvolle Muster mit hauchfeinen Blumenformen. Wohl bei keiner anderen Handarbeitstechnik als beim Kunst-Stricken hat die übereinstimmende Garn- und Nadelstärke ähnliche Bedeutung für das Hervorheben der Muster. Man darf ruhig sagen, daß die geometrischen und strengen Muster nur gut aussehen, wenn sie mit stärkerem Garn und ziemlich feinen Nadeln gestrickt sind. Hat man dagegen ein Fantasie- oder Blumenmuster in Arbeit, so empfiehlt es sich, feines Garn zu nehmen und mit starken Nadeln zu stricken, weil die Arbeit dann viel duftiger und spitzenähnlicher wirkt. Für große Decken ist es ratsam, sich eines Strickringes zu bedienen, um das Abgleiten der Maschen von den Nadeln zu vermeiden. Von großer Wichtigkeit für das gute Aussehen der fertigen Strickarbeiten ist das Spannen, worüber auf Seite 8 Näheres berichtet ist.

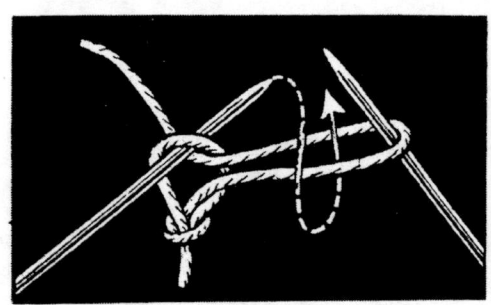 

1. und 2. Das Aufstricken der Maschen aus einer Anfangsschlinge. Die linke Nadel sticht von unten in die Schlinge, während die rechte Nadel den Arbeitsfaden holt, durch die Schlinge zieht und die neue Masche auf die linke Nadel hebt.

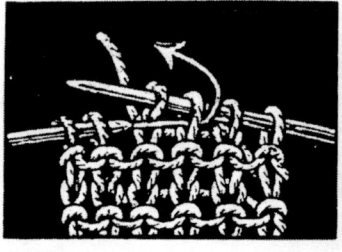  

3. Das Abnehmen einer Masche durch Ueberziehen geschieht dadurch, daß man eine Masche abhebt, die folgende strickt und die erste überzieht.

4. Das Abnehmen einer Masche durch Zusammenstricken von zwei Maschen.

5. Beim Abnehmen von 2 Maschen hebt man eine Masche ab, strickt die beiden folgenden zusammen und zieht die erste Masche über.

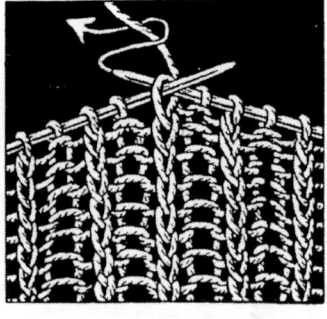

6. Bei der verkehrt abgestrickten Masche sticht man mit der rechten Nadel in den hinten liegenden Faden der Masche und strickt sie wie eine Rechtsmasche ab.

7. Die Rippenmasche entsteht dadurch, daß man 1 mal umschlägt, 1 M. strickt, diese aber noch auf der linken Nadel behält und erst mit der nächsten Masche verschränkt abstrickt.

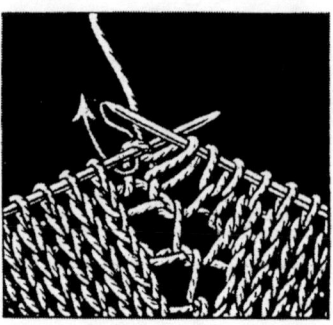

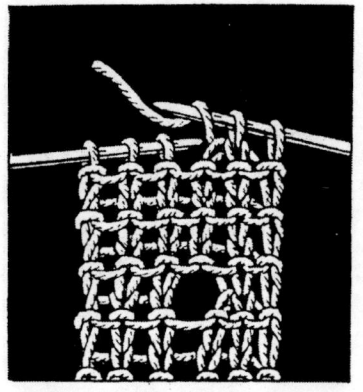  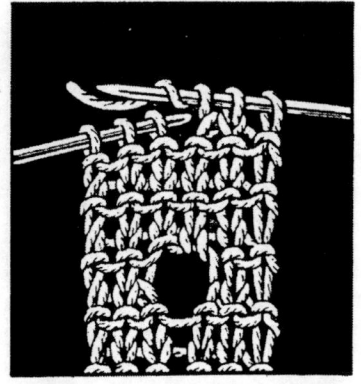

8. Ein kleines Loch entsteht dadurch, daß man erst einmal durch
Ueberziehen abnimmt und dann
umschlägt, die Maschenzahl wird
dadurch nicht verringert.

9. Beim Arbeiten von
2 Maschen aus einer Masche
strickt die rechte Nadel eine
Masche rechts, läßt sie aber
noch auf der linken Nadel
liegen und strickt aus dem
hinteren Maschenfaden noch
eine Masche verschränkt ab.

10. Bei dem großen Loch muß
man einmal überziehen, 2 mal umschlagen und 2 M. zusammenstricken.
Bei der folg. R. aus dem Doppel-
umschl. 1 M. r., 1 M. l. zu stricken.

 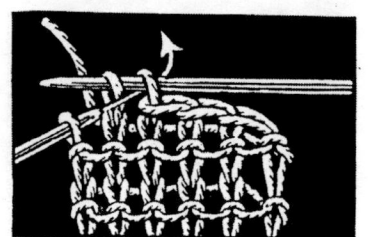

strickte zieht, die folgende
Masche strickt und die vorhergehende Masche überzieht
usf.

11. Drei Maschen verschränkt zusammenstricken. Man sticht durch
die hinteren Maschenfäden und
zieht den Faden durch.

12. Das Abketteln geschieht dadurch, daß man eine Masche abhebt, die zweite Masche strickt, die
abgehobene Masche über die ge-

13. Um eine Form
zu schließen, werden
die Maschen verschränkt
zusammengestrickt.

14. Zur Herstellung der Wickelmasche braucht man eine kurze Hilfsnadel und strickt auf diese 3 Maschen rechts ab. Dann wickelt man
den Faden 10—15 mal um diese abgestrickten Maschen, hebt diese dann
auf die Nadel zurück und strickt in der folgenden Reihe einzeln ab.

Erklärung der in den Strickschriften verwendeten Zeichen.

□ abheben. ■ rechts. ⊟ links. ⊣□ abketteln.

○ umschlagen. ◆ verschränkt. ∟ 2 M. verschränkt zusammenstricken.

▙ überziehen, d. h. 1 M. abheben, 1 M. ⊔ 3 M. verschränkt zusammenstricken.
stricken, die abgehobene überziehen. Ⓦ Wickelmasche.

◢ 2 M. zusammenstricken.

◿ 2 M. links zusammenstricken. /// \\\ 3 M. auf eine Hilfsnadel heben, die
△ 3 M. links zusammenstricken. 3 nächsten M. stricken, die abgehobenen
M. überheben und einzeln abstricken.
1 M. abheben, 2 M. zusammenstricken,
Λ die abgehobene M. überziehen. 1 M. h. = die letzte M. der vorhergehenden Rd.
auf die erste Nadel der neuen Rd. heben.
⌃₅ 5 Maschen verschränkt zusammenstricken.

V aus einer Masche 2 Maschen stricken. 1 M. z. = die erste M. der Rd. auf die letzte
Nadel der vorhergehenden Rd. stricken.
⌄⁴ aus einer Masche 4 Maschen stricken.

CHART PG 34

Runde Decke mit Perlenabschluß

Strickschriften auf Seite 34 und Einzelheiten auf Seite 33.

Die 108 cm im Durchmesser große Decke — mit Häkelgarn Nr. 50, 70 und 80 ausgeführt — zeigt das Pfauenfedermuster, wohl eines der ältesten und beliebtesten Muster, das so ganz der Technik des Strickens entspricht. Wirkungsvoll gesteigert wird das Muster bei unserer Vorlage durch Verwendung verschiedener Garnstärken, wodurch das Muster schattiert wird. Sehr gut wirkt aber auch die Decke nur in einer Garnstärke gestrickt, jedoch muß man stets ziemlich lose arbeiten. Zur Erzielung der Schattierung arbeitet man stets 3 Muster mit den dazugehörigen Rechtsrunden mit Häkelgarn Nr. 80, 2 Muster mit Garn Nr. 70 und 1 Muster mit Garn Nr. 50. Die vielen ganz rechts gestrickten Runden machen das Muster zu einer sehr angenehmen Handarbeit. Der Rand der Decke erhält einen reizvollen Abschluß durch eingeschobene klare Glasperlen (f. die Einzelheiten auf Seite 33). Beim Spannen dieser Decke schiebt man die Stecknadel durch die mittelste Perle, sodaß der Arbeitsfaden nicht leidet.

CHART NOT PROVOIDED

Große Decke „Feuerbohne"

Die feingegliederte Decke, mit Häkelgarn Nr. 80 auf einem Strickring gearbeitet, hat einen Durchmesser von 150 cm. Für geübte Strickerinnen ist es mühelos, aus diesem feinen Deckenmuster einen Überwurf für ein Gesellschaftskleid zu arbeiten. Dazu beginnt man erst bei Runde 75, arbeitet aber die Strickschrift anstatt 16 mal 18 mal auf einem Anschlag von 1152 Maschen.

Die dazu gehörende Strickschrift ist unter Nr. 701 76/III durch den Verlag zum Preise von 40 Pfennig zu beziehen.

Ovales Deckchen „Malve"   Strickschrift: Fig. 17.

Die Spitze des Deckchens zeigt ein ziemlich strenges Muster, sie ist dem 22 10 cm großen Stoffteil auslangettiert. Mit Häkelgarn Nr. 100 ausgeführt, hat das Deckchen eine Größe von 58 50 cm.

Längliches Deckchen „Mimose"

Siehe nebenstehende Abbildung.   Strickschriften: Fig. 1 und 1a.

Für das nette Tablettdeckchen verwendet man Häkelgarn Nr. 80, die Spitze wird besonders gearbeitet und durch feine überwendliche Stiche mit dem Mittelteil verbunden.

CHART 16, PG [51]

Runde Decke „Neſſel" Strickschrift: Fig. 16.

Die hübsche Decke mit sechsteiligem Mittelstern hat, mit
Häkelgarn Nr. 80 gearbeitet, einen Durchmesser von 90 cm.

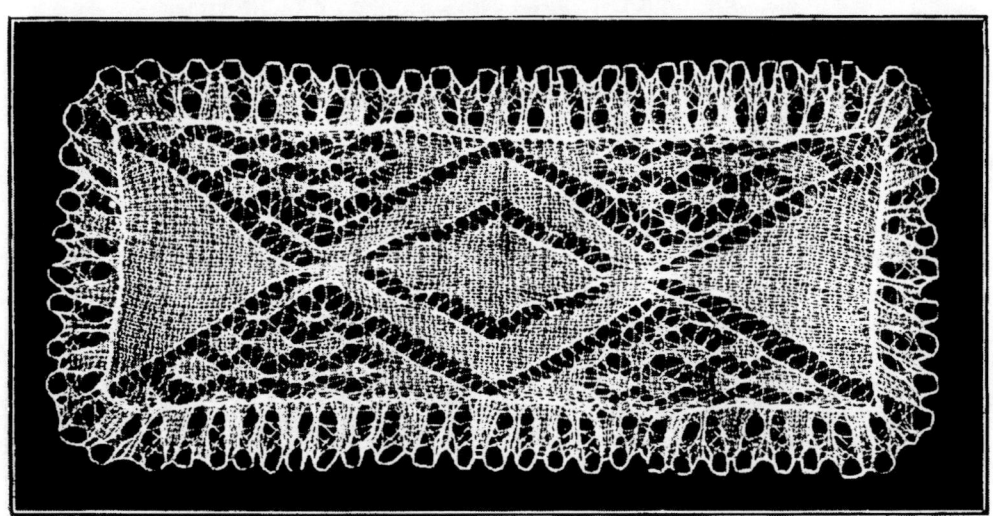

CHARTS 1, 1A, PG [43]

Längliches Deckchen „Mimoſe". Siehe die nebenſtehende Beſchreibung

CHARTS 56-57, PG [65]

Runde Decke „Sabine"

Strickschriften: Fig. 56 u. 57.

Die in Eſtremadura Nr. 10 ausgeführte Decke hat einen Durchmeſſer
von 110 cm. Ihr Muſter entſpricht dem Geſchmack der Biedermeierzeit und darf nicht mit zu ſtarken Nadeln ausgeführt werden.
Ein feines, weiches Glanzgarn eignet ſich auch gut zum Nach-
arbeiten dieſes Muſters.

Das Spannen der fertigen Strick-Arbeiten

Ein gut geſtricktes Muſter kommt erſt durch richtiges Spannen zur
vollen Wirkung. Die leicht geſtärkte Strickarbeit — Weizenſtärke
oder Gelatine — ſteckt man ringsum der vorgezeichneten Form
nach mit roſtfreien Stecknadeln auf, achtet darauf, daß man genau
rechtwinklig zieht, die entſprechenden Zacken ſich gegenüberſtehen.
Dann ſteckt man ein Leinenband im Mittelpunkt der Decke ſo feſt,
daß man es wie einen Zirkel drehen kann, und mißt nun Zacke
für Zacke nach, bis man die Arbeit tadellos geſpannt hat.

CHARTS 3, 4, 5, PG [47]
CHARTS 6. 7, PG [45]

Runde Decke „Lotos"

Strickschriften: Fig. 3—7.

Um das außergewöhnlich schöne Muster der spinnwebfeinen Decke zu erzielen, muß man sehr feine Nadeln benutzen und alle Mustermaschen recht fest stricken. Die Decke ist mit Häkelgarn Nr. 120 gearbeitet und hat einen Durchmesser von 90 cm.

Neue Kunst-Strickarbeiten

Mit den beiden folgenden und der obenstehenden Decke ist eine ganz neue Art von Mustern gegeben, die nur von geübten Strickerinnen nachgearbeitet werden können. Die einzelnen Formen der schönen Blumenmuster sind durch glatte Fäden miteinander verbunden, wodurch dem geübten Auge gleich auffällt, daß jede Runde eine Musterrunde ist, und es also beim Stricken keine Atempause gibt. Die Wirkung der Decken ist aber eine so schöne, daß sich die Arbeit schon lohnt. Diese drei hervorragenden Muster sind Entwürfe von Luise Dannehl, Adl.-Wilken bei Gumbinnen, in deren Werkstätten auch die fertigen Decken erhältlich sind.

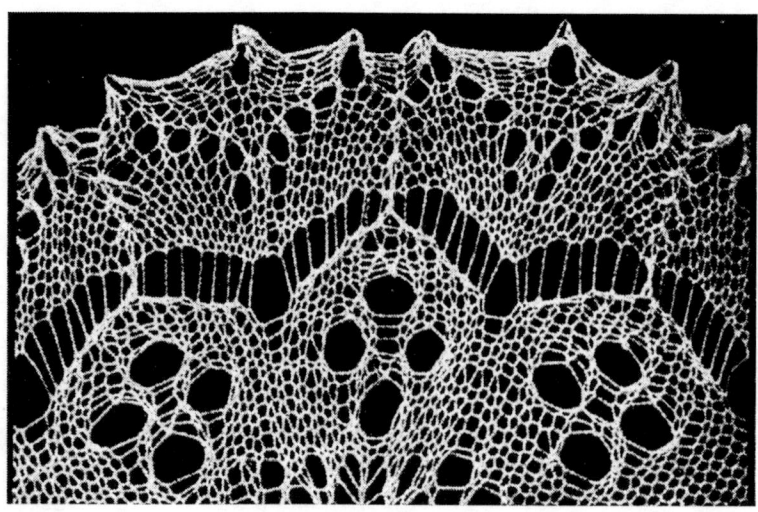

Runde Decke „Lindenblüte"

CHARTS 18,19, PG [49]
CHART 20, PG [47]

Strickschriften: Fig. 18 – 20.

Verwendet man Häkelgarn Nr. 80, so erhält die Decke einen Durchmesser von 60 cm.

Randabschluß zu obenstehender Decke.

CHART NOT PROVIDED

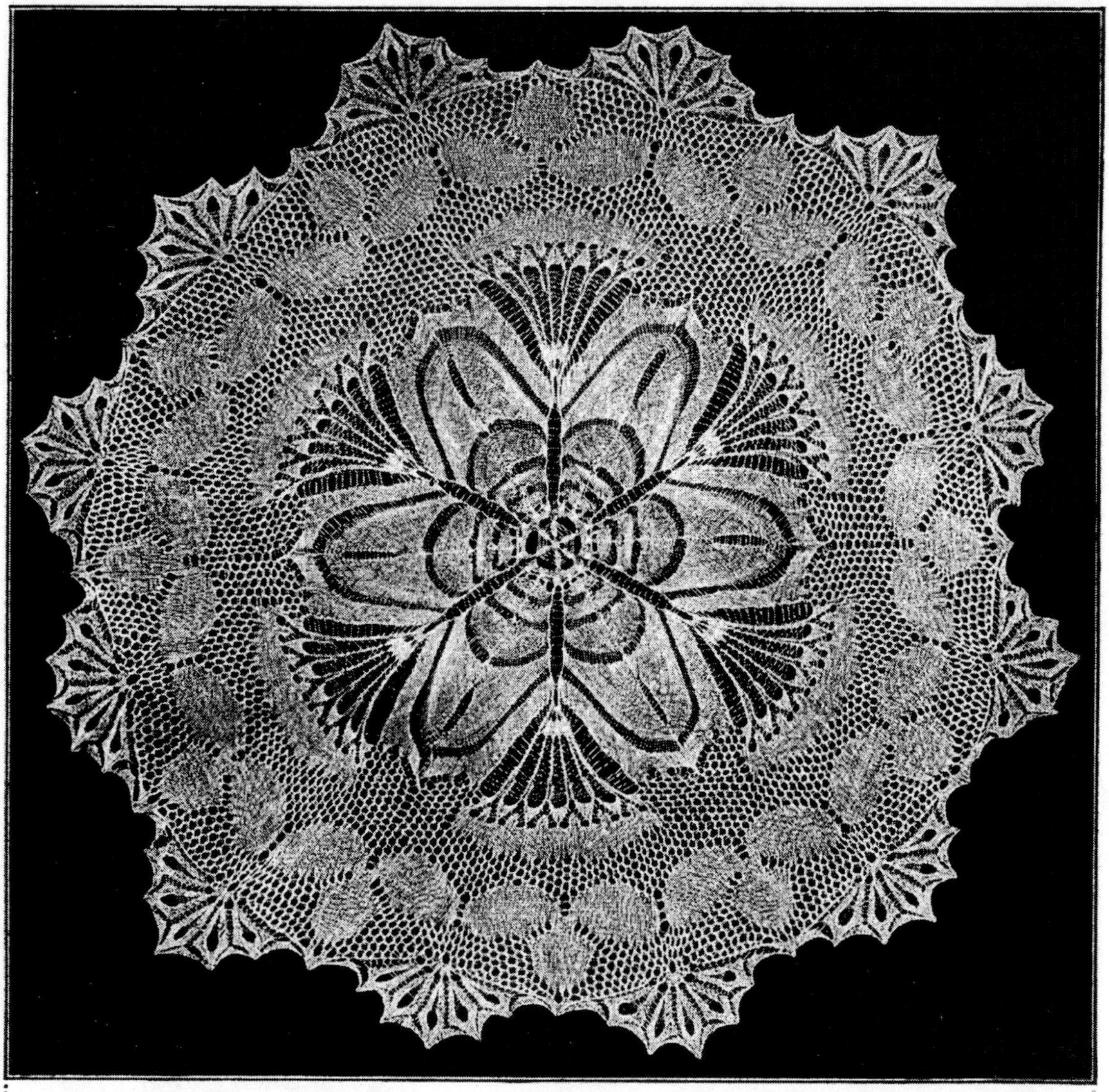

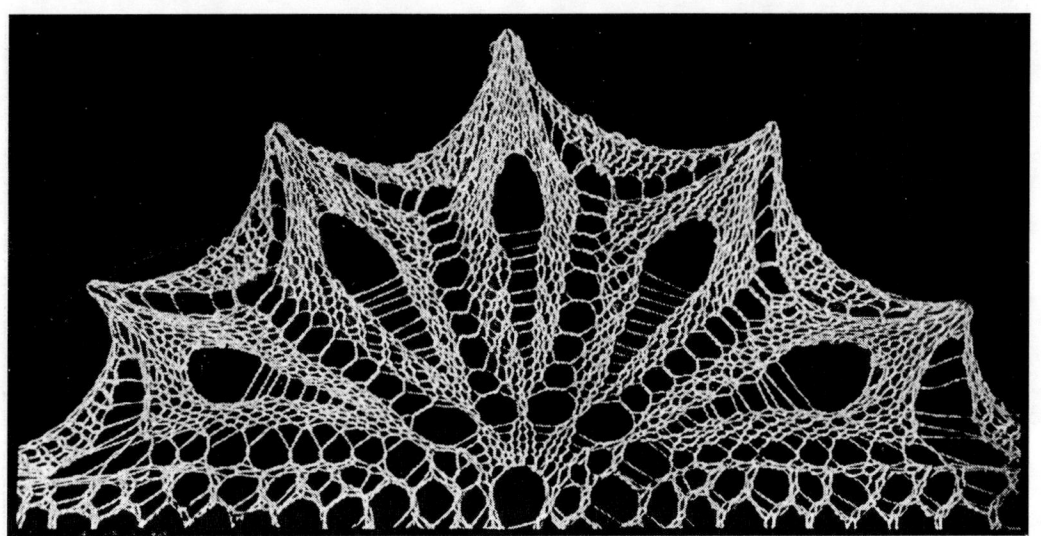

Decke „Lilie" mit ausdrucksvollem Muster

Die Strickschrift zu dieser Decke ist auf Beyers Kunststrickblatt Nr. 41 enthalten, das entweder durch den Verlag oder die einschlägigen Geschäfte zu beziehen ist. S. Anm. auf **Beiblatt I.**

Bogenabschluß zu obenstehender Decke.

CHART NOT PROVIDED

Charts 21-23, PG [53]

Große Decke „Federnelke" mit Franfenabfchluß

Strickschriften: Fig. 21—23. Die schöne Decke mit achtteiligem Mittelstern ist so gegliedert, daß man die Strickschrift auch nur bis Rd. 245 strickt und die Arbeit rund oder oval spannt.

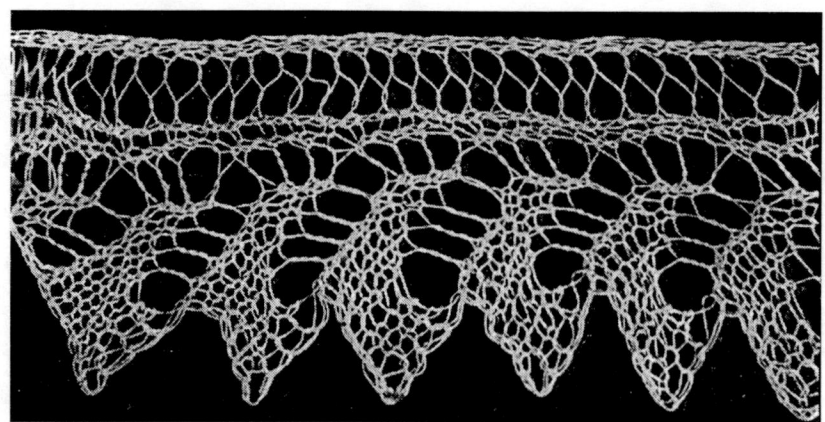

Chart 8, PG [45]

Spitze „Altenburg"   Strickschrift: Fig. 8.

Die 5 cm breite Spitze hat eine ausgeprägte Zacke und zeigt am oberen Rande das hübsche Hexentreppenmuster.

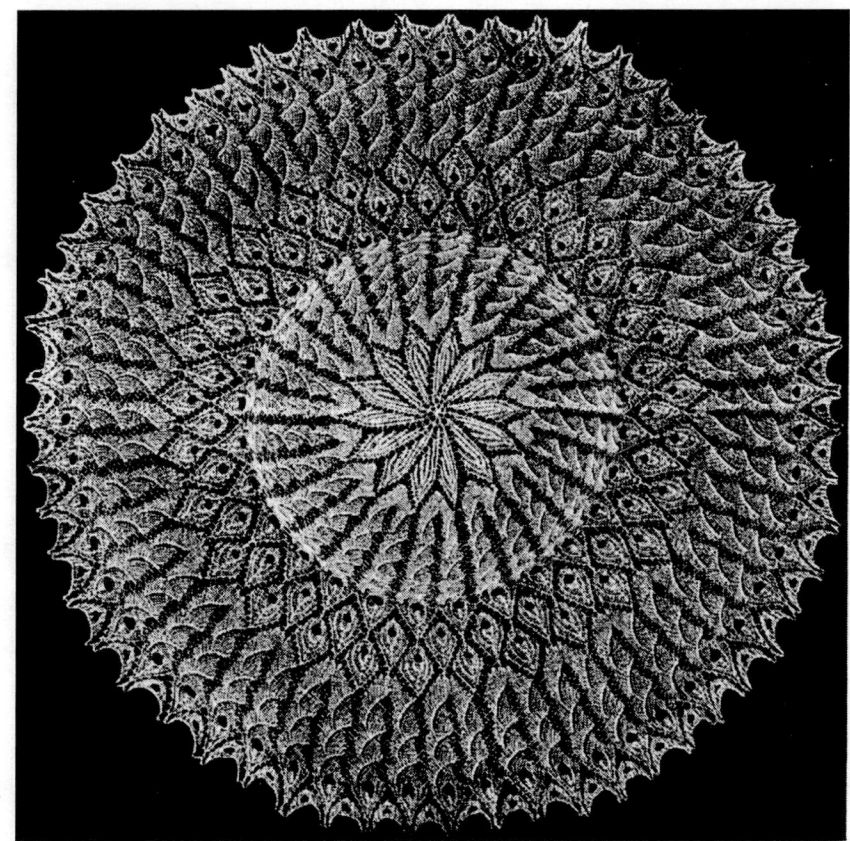

CHARTS 24-27, PG [53]

Decke „Lavendel"

Strickschriften: Fig. 24—27

Die große Tischdecke mit der ausdrucksvollen Augenkante hat einen Durchmesser
von 110 cm, mit Häkelgarn Nr. 100 gearbeitet. Je stärker man die Nadel nimmt,
desto zarter wird die Arbeit, und läßt das Muster besonders gut erscheinen.

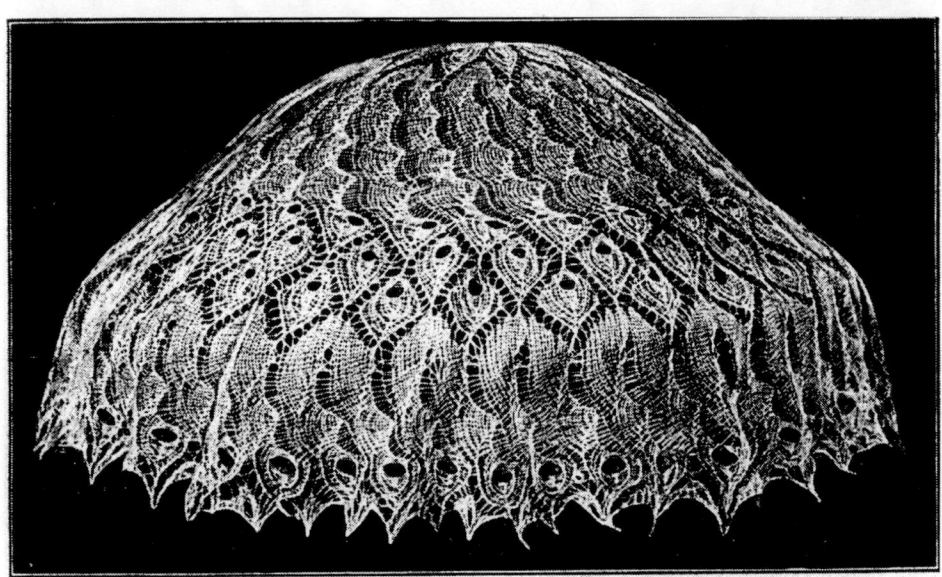

Obenstehendes Muster als Lampenschleier verwendet.

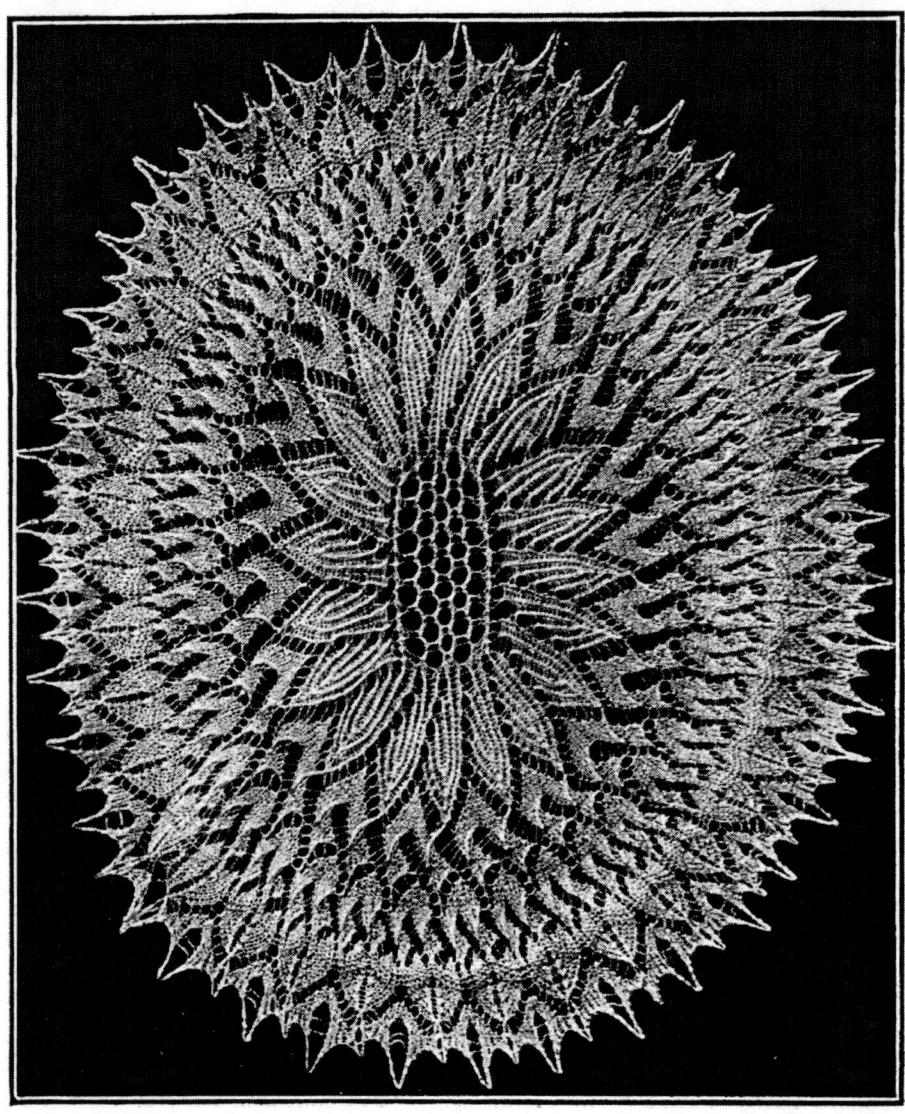

CHARTS 45-48, PG [59]

Ovales Deckchen „Olga"

Strickschriften: Fig. 45—48.

Mit Häkelgarn Nr. 100 gearbeitet, hat das hübsche Deckchen eine Größe von 27/35 cm. Mit dem Strickring und Häkelgarn Nr. 80 gestrickt, wird es doppelt so groß und wird sehr duftig. Man beginnt die Mitte auf einem Anschlag von 14 Lftm. und strickt die Strickschrift Fig. 45 7mal. Dann werden die Randmaschen an beiden Seiten aufgenommen und der gehäkelte Anschlag vorsichtig entfernt, die Maschen auch aufgenommen und alle Maschen verschränkt abgestrickt. In den Ecken muß man nach Bedarf je eine Masche aufnehmen, so daß man im ganzen 60 M. hat, dann arbeitet man nach Strickschrift Fig. 46 weiter.

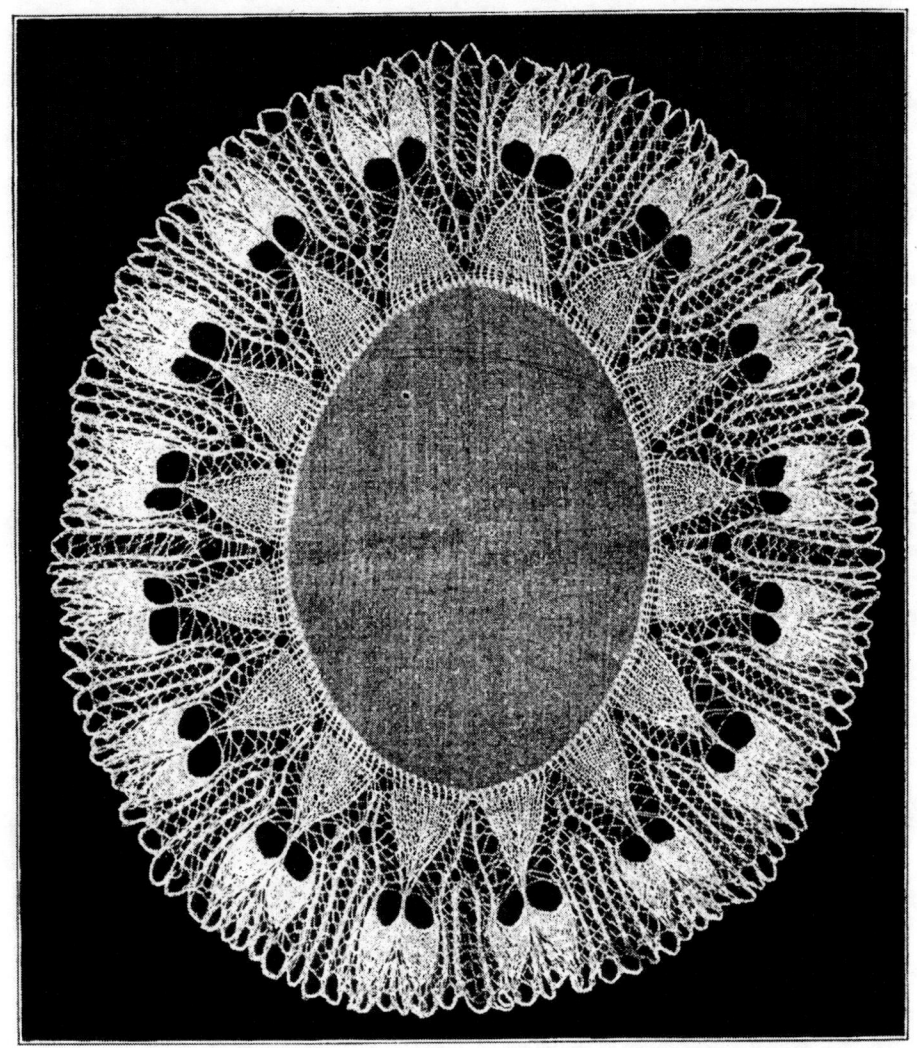

CHART 55, PG [61]

Ovales Deckchen „Karola"

Strickschrift: Fig. 55.

Das hübsche Deckchen hat einen 25/14 cm großen Mittelteil aus Glasbatist, der mit festen Maschen umhäkelt ist. Die mit Häkelgarn Nr. 100 gearbeitete Spitze ist fein anlangettiert.

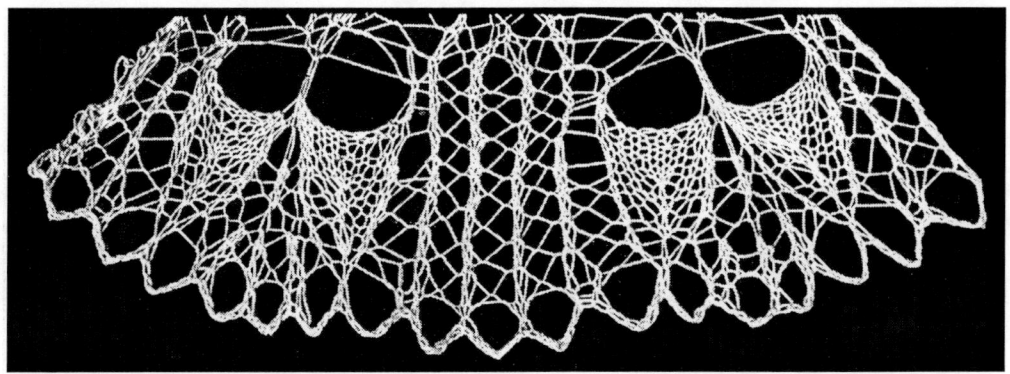

Einzelheit zur Spitze der obenstehenden Decke.

CHART 41, PG [59]

Sechseckiges Deckchen „Akazie"

Strickschrift: Fig. 41.

Der hübsche Stern hat als Abschluß Häkelbogen, die so gearbeitet sind, daß
dabei zweimal 2 Strickmaschen mit 1 festen Masche abgebündelt werden;
dazwischen 10 Lftm. Aus Häkelgarn Nr. 100 hergestellt, hat das Deckchen
einen Durchmesser von 30 cm.

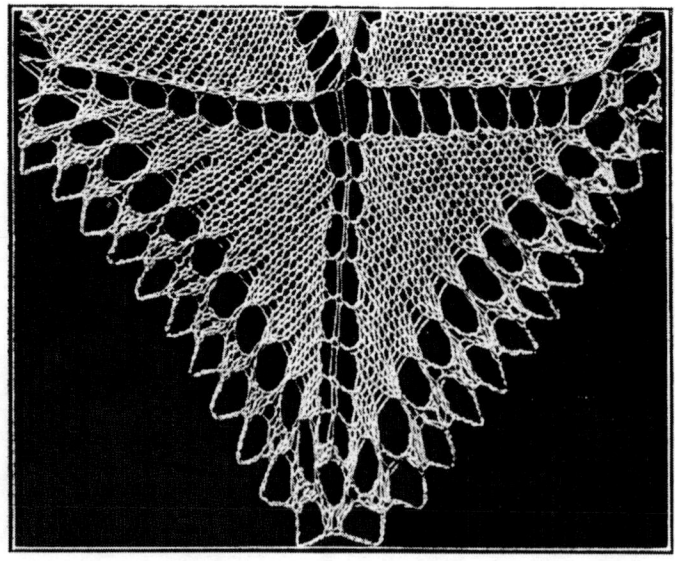

Einzelheit zum Deckchen „Akazie"

CHART 42, PG [57]

Achteckiges Deckchen „Anemone"

Strickschrift: Fig. 42.   Mit Häkelgarn Nr. 100 ausgeführt, 18 cm Durchmesser.

CHARTS 3,4, PG [47]

Zwölfeckiges Deckchen „Alpenveilchen"

Strickschriften: Fig. 3 und 4.

Das reizende Deckchen mit Lotosmuster ist mit Häkelgarn Nr. 140 gearbeitet
und hat einen Durchmesser von 30 cm.

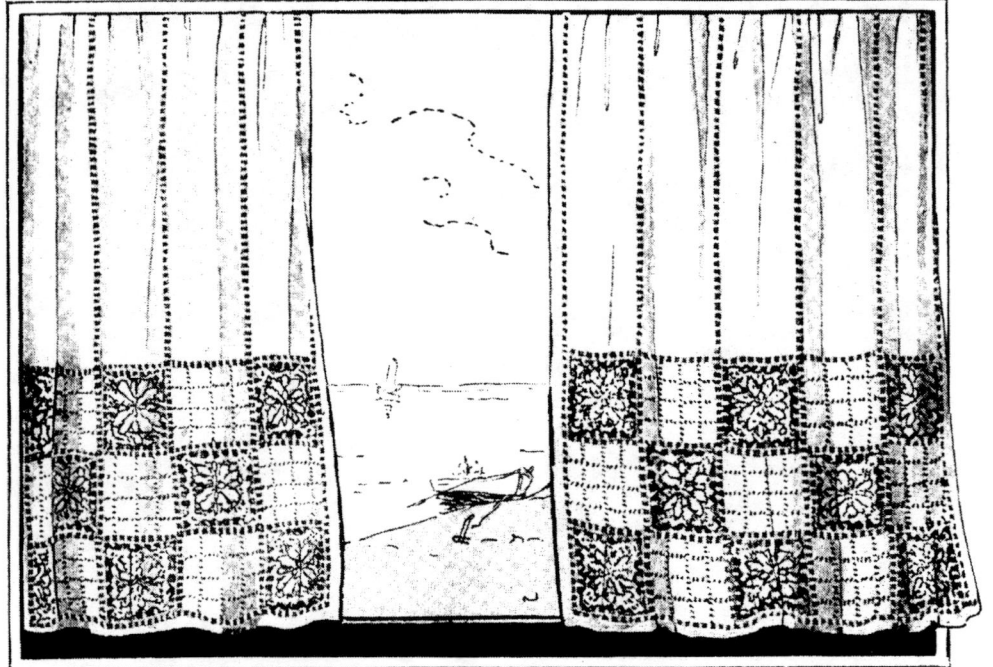

Der hübsche 1,25 m lange, 100 cm breite Scheibenvorhang ist an seinem unteren Rande mit Handhohlnähten geziert, die den Vorhang in 15 Quadrate einteilen, denen man acht nach Fig. 35 gearbeitete Vierecke „Ruth" einlangettiert und die übrigen durch schmale Hohlnähte in kleine Felder teilt. Die 1 cm breiten Durchbrüche sind in der ganzen Länge des Vorhanges weitergeführt.

CHART 31, PG [55]
CHART 32, PG [57]
CHART 33, PG [61]

Viereck „Martina"

Entwurf und Ausführung Luise Dannehl, Adl.-Wilken bei Gumbinnen.
Strickschriften: Fig. 31—33.

Das eigenartige Viereck — 22 cm groß — eignet sich gut zum Einsetzen in Decken oder Vorhänge.

CHART 35, PG [57]

Viereckiges Deckchen „Ruth"

Strickschrift: Fig. 35.

Das reizende Viereck mit reichem Blattmuster läßt sich gut zum
Einsetzen in Decken oder Vorhänge, siehe gegenüberstehende Abb.,
verwenden. Es wird mit Garn Nr. 80 gearbeitet, 20 cm groß.

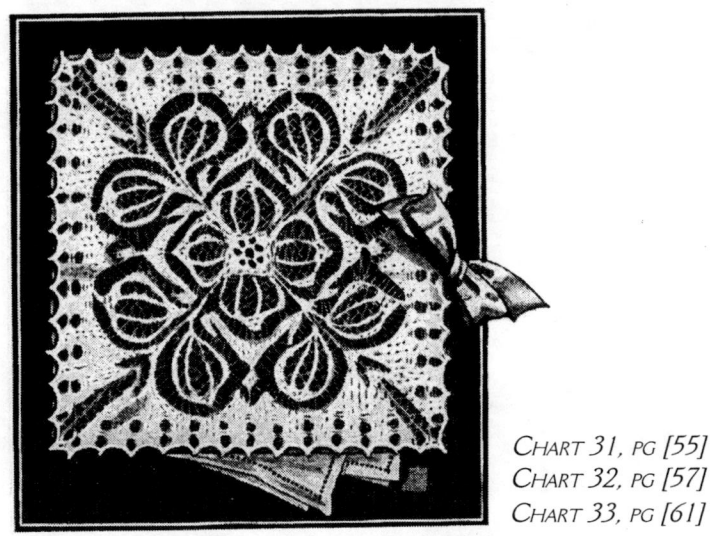

CHART 31, PG [55]
CHART 32, PG [57]
CHART 33, PG [61]

Die Klappe des aus farbiger Seide gearbeiteten Taschentuch-
behälters ist mit dem zarten Viereck „Martina" geziert. Siehe
gegenüberstehende Abbildung.

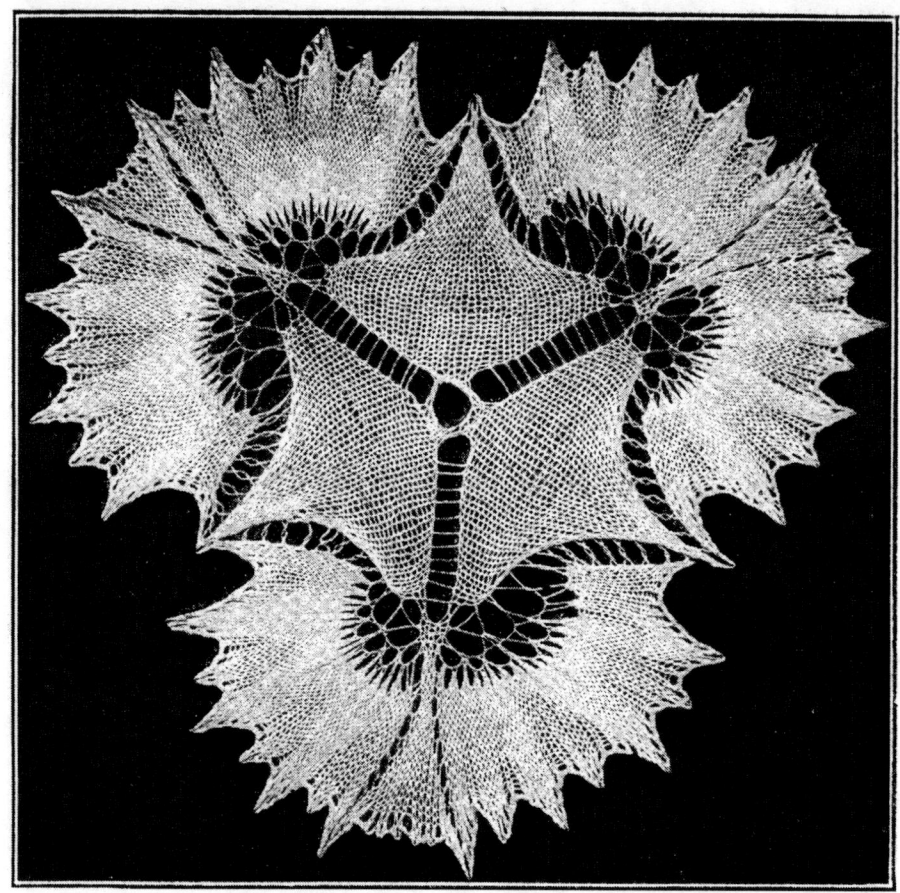

CHART 28, PG [51]

Dreiteiliges Deckchen „Wera"

Strickschrift: Fig. 28. Das eigenartige Deckchen hat, mit
Häkelgarn Nr. 100 gearbeitet, einen Durchmesser von 25 cm.

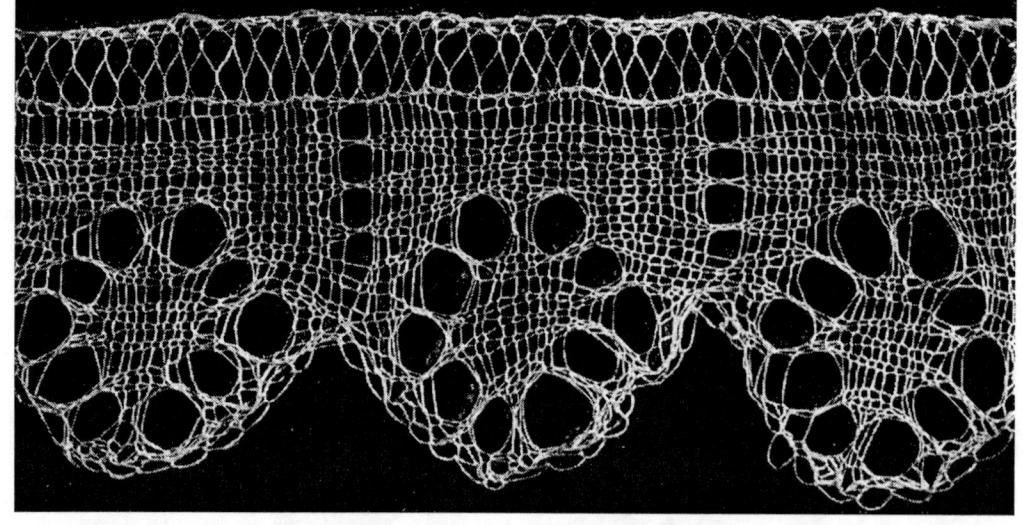

CHART 55, PG [61]

Zarte Spitze „Königsberg"

Strickschrift: Fig. 54. Entwurf und Ausführung: Luise Dannehl,
Adl.-Wilten bei Gumbinnen. Häkelgarn Nr. 120. 7 cm breit.

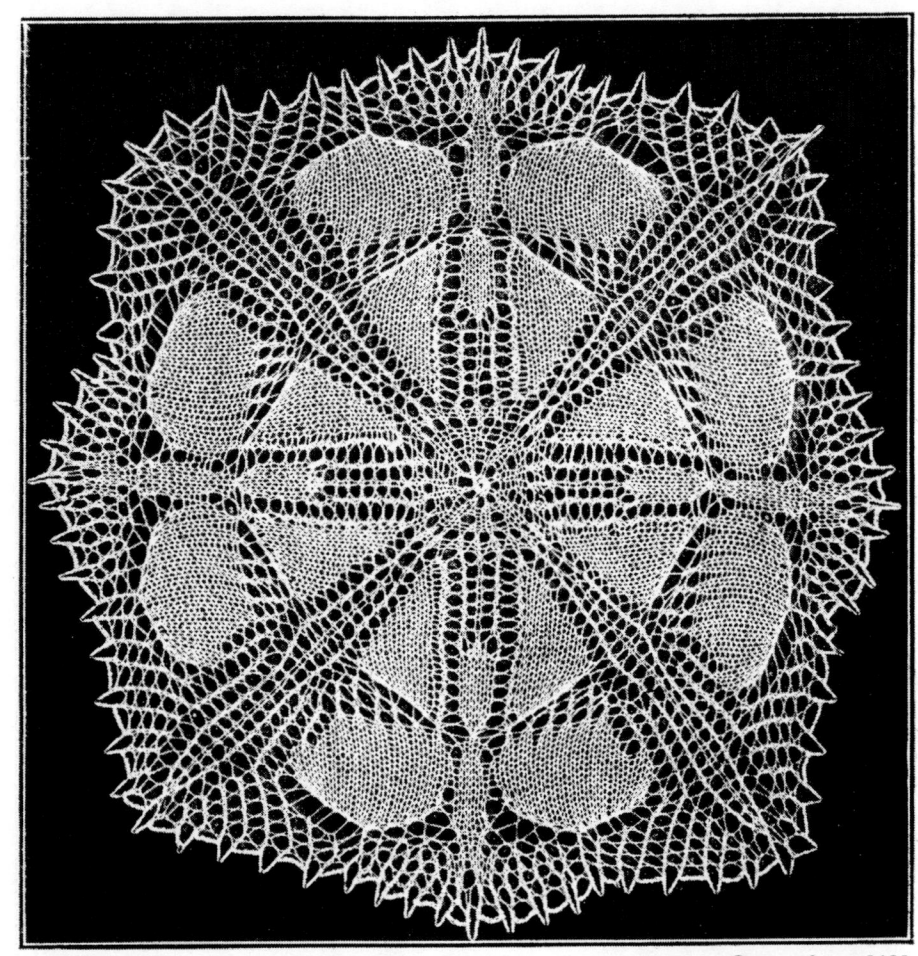

CHART 9, PG [43]

Viereckiges Deckchen „Agnes" mit Schmetterlingsmuster

Strickschrift: Fig. 9.   Häkelgarn Nr. 80.   20 cm groß.

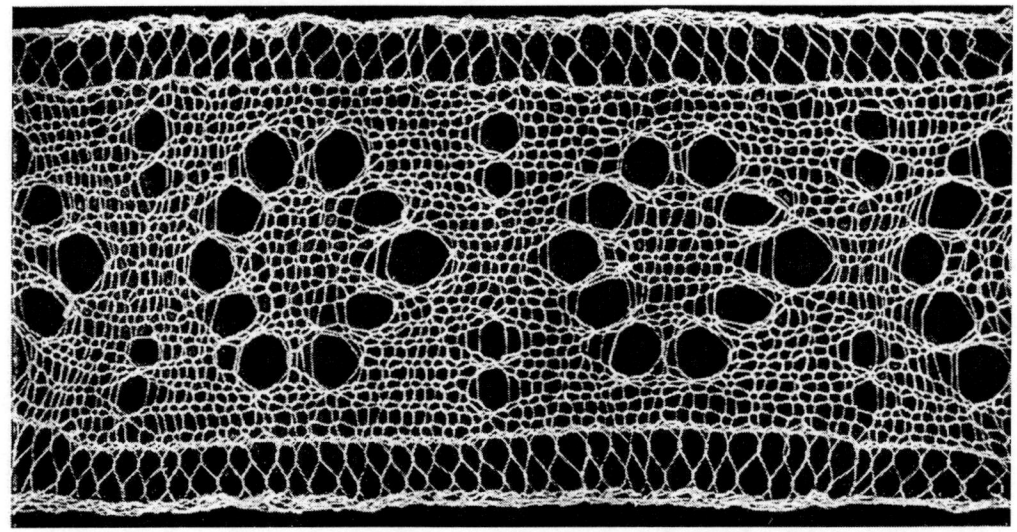

CHART 53, PG [65]

Einsatz „Königsberg"

Strickschrift: Fig. 53.   Häkelgarn Nr. 120, 7 cm breit.   Entwurf und Ausführung:
Luise Dannehl, Adl.-Wilken bei Gumbinnen.

Die beiden runden Decken zeigen eine geschmackvolle Zusammenstellung von Kunst-Strick-arbeiten mit Weißstickerei. Die obere Decke, ohne Spitze 40 cm im Durchmesser, zeigt die hübsche Spitze von Seite 24 glatt an den Stoff langettiert, während die Weiß-Stickerei abwechselnd mit länglichen und runden Löchern in großen Bogen dem Muster folgt. — Bei der zweiten Decke sind die gestrickten Vierecke durch Ranken von länglichen Löchern miteinander verbunden. Der Außenrand zeigt schöne langettierte Bogen. Die Decke hat einen Durchmesser von 80 cm. Beyer-Abplättmuster zur oberen Decke Nr. 30897/II. — Beyer-Abplättmuster zur unteren Decke Nr. 30898/V.

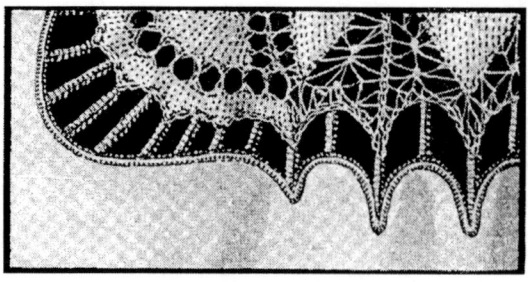

Das Einsetzen der fertigen Strick-Arbeit
durch Langettenstiche und umwickelte Stege.

CHART 36, PG [55]

Tellerdeckchen „Frieda" mit Blattmuster

Strickschrift: Fig. 36.

Das hübsche Deckchen hat einen Durchmesser von 20 cm mit Häkelgarn Nr. 100 gearbeitet. Runde 55 der Strickschrift bildet eine Lochreihe, nach der eine Runde rechts folgt; dann kettelt man ab und spannt in gleichmäßige Zacken.

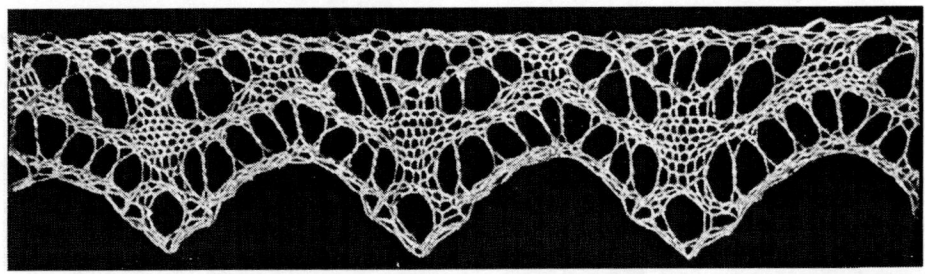

CHART 29, PG [49]

Schmale Spitze „Berlin"

Strickschrift: Fig. 29.

Die nette Spitze mit dem ausdrucksvollen Muster ist etwa 3 cm breit, doch kann man sie auch mit starken Nadeln stricken, wodurch die Wirkung eine ganz andere wird.

CHART 43, PG [59]

Zweiteiliger Kragen

Strickschrift: Fig. 43.

Der hübsche Kragen, in zwei Teilen gearbeitet, eignet sich gut für den flachen Aus-
schnitt, er bleibt dann auf den Schultern geteilt. Bei herzförmigen Halsausschnitten
strickt man den Kragen in einem Stück. Man braucht bei einer Weite von 75 cm
162 Maschen Anschlag, wenn man Häkelgarn Nr. 40 und Nadel Nr. 7 verwendet.

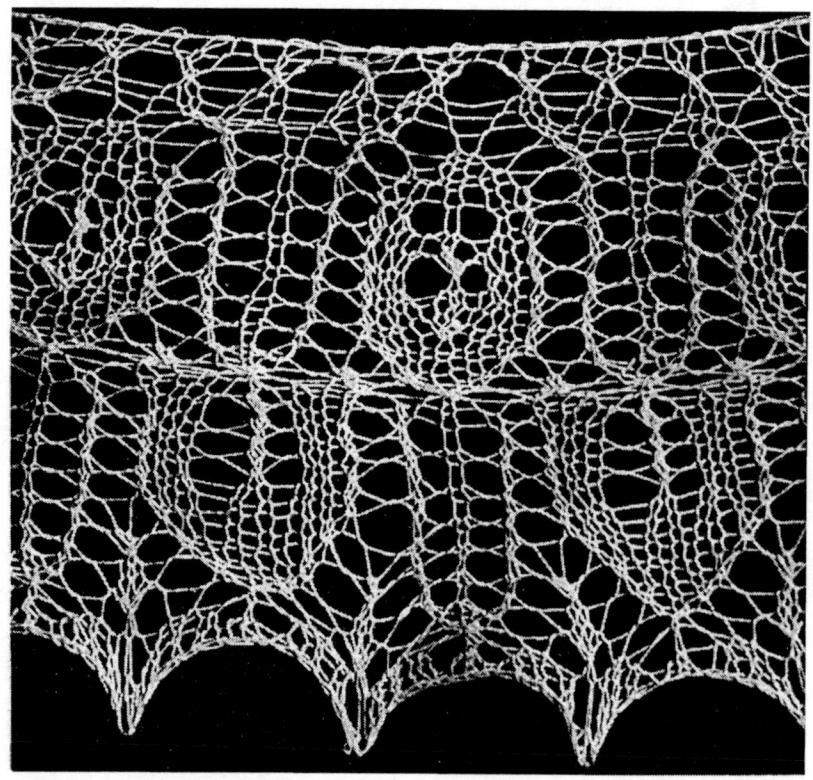

Einzelheit zu obenstehendem Kragen.

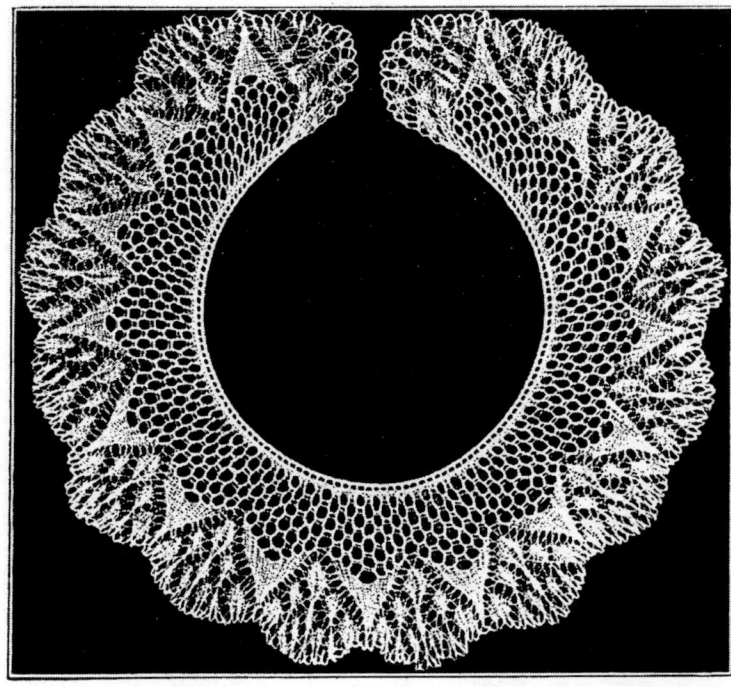

Chart 37, pg [55]

Runder Kragen für kleine Ausschnitte

Strickschrift: Fig. 37.

Den hübschen Kragen arbeitet man mit Häkelgarn Nr. 150 in hin und her gehenden Reihen, auf einem Anschlag von 244 M. Dieser Maschenanschlag entspricht einem Halsausschnitt von 52 cm.

Duftiger Kragen in Berkenform

Strickschrift: Fig. 30.

Bei diesem leicht zu arbeitenden Kragen sind 23 Maschen zu einem Mustersatz erforderlich. Man arbeitet in Längsreihen mit Häkelgarn Nr. 200 und erreicht bei einer Wiederholung von 20 Mustern eine Weite von etwa 75 cm.

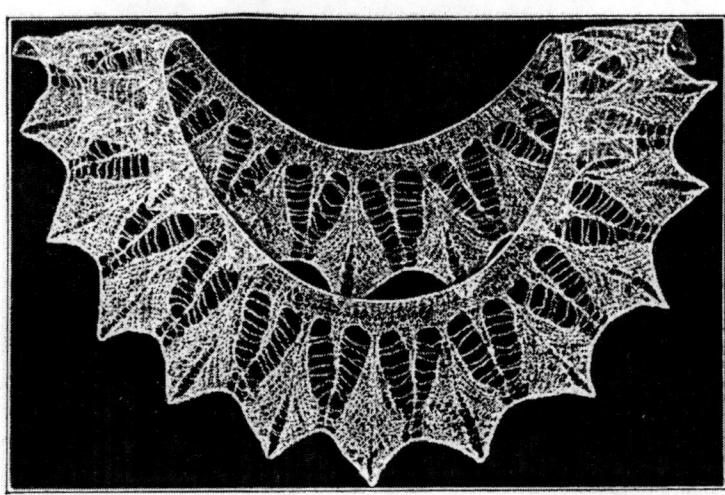

Chart 30, pg [49]

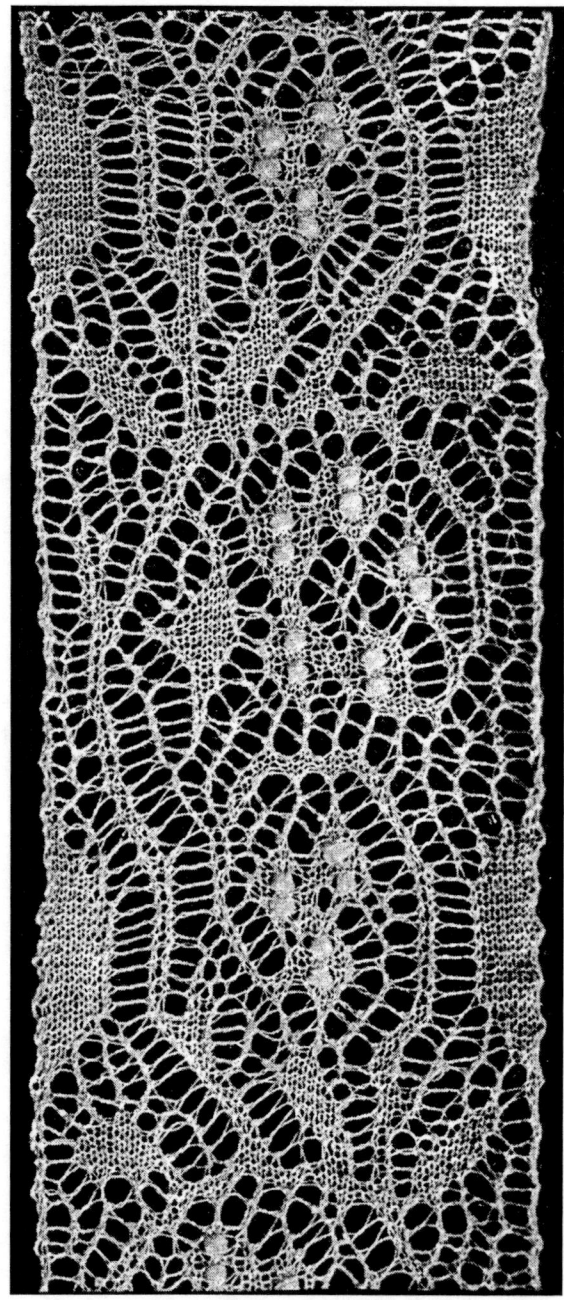

CHART 50, PG [61]

Zarter Einsatz mit Blütenmuster

Strickschrift: Fig. 50.

Der eigenartige Einsatz war mit Leinengarn Nr. 90 gearbeitet und hat eine Breite von 7 cm. Jede Wiederholung des Musters geht von Nadel 1—94. Nach Vollendung von Nadel 94 kann man wieder bei Nadel 1 anfangen, dann liegen die Formen fortgesetzt an der gleichen Seite. Strickt man dagegen bei der Wiederholung Nadel 1 von links nach rechts, so wendet das Muster, und die Formen liegen nach der anderen Seite hin. Allerdings ist dann zu beachten, daß die erste M. abgehoben und die letzte Masche rechts gestrickt wird. Ebenso tauscht man an den entsprechenden Stellen die Art der Abnehmemaschen und läßt Zus.-Stricken und Ueberziehen wechseln.

Fensterborhang mit geschmackvoller Anwendung der untenstehenden Spitze und des Einsatzes von Seite 26. Beyer-Abplättm. Nr. 30813 I.

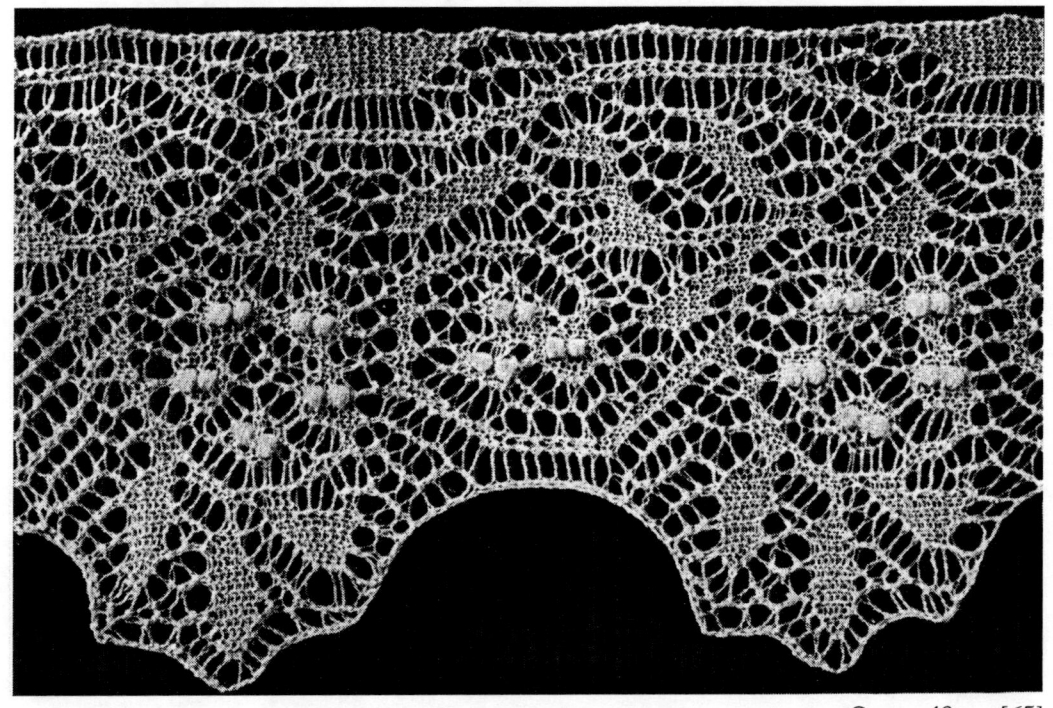

CHART 49, PG [65]

Zarte Spitze mit Blütenmuster.   Strickschrift: Fig. 49.

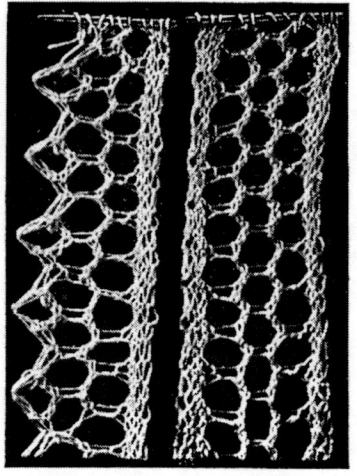

Spitze und Einsatz in Art des
Erbstülls. 8 u. 12 M. Anschlag.
Häkelgarn Nr. 100 oder 120.

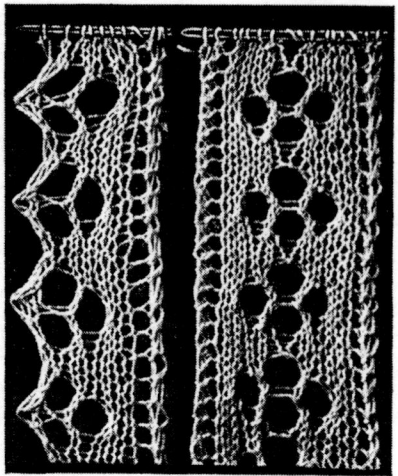

Spitze mit 3, Einsatz mit 4 Löchern.
10 und 16 Maschen Anschlag.
Häkelgarn Nr. 100 oder 120.

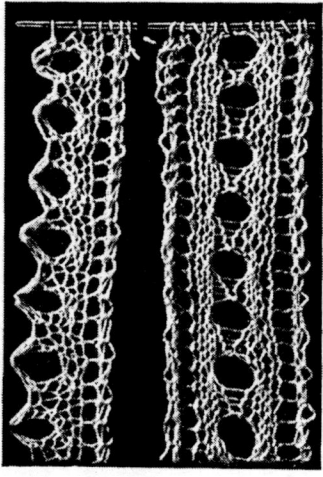

Spitze und Einsatz
für Banddurchzug.

CHART NOTES, PG [44]

6 und 12 Maschen Anschlag.
Häkelgarn Nr. 100 oder 120.

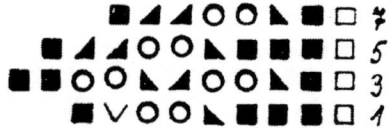

Strickschrift zur Spitze in Art des Erbstülls.
8 Maschen Anschlag. Alle Rückreihen links,
nur die letzte M. stets rechts. In der 6ten
Rückr. die 2te u. 3te M. links zusammenstricken.

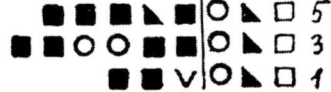

Strickschrift zur Spitze für Banddurchzug. 6 M.
Anschlag. Alle Rückr. links, letzte M. stets rechts.
In der 6ten Rückr. die 1ste M. abheben, die 2te u.
3te M. links zus.stricken, die 1ste M. überziehen.

Strickschrift zum Einsatz in Art des Erbstülls. 12 Maschen Anschlag. Alle Rückreihen links, nur die letzte Masche rechts.

Strickschrift zum Einsatz für Banddurchzug.
12 Maschen Anschlag. Alle Rückreihen links,
nur die 3 ersten und 3 letzten Maschen rechts.

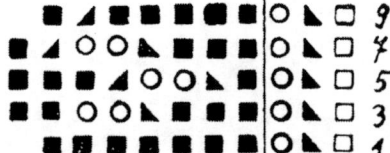

Strickschrift zur Spitze mit 3 Löchern.
10 Maschen Anschlag. Alle Rückreihen
links, nur die 3 letzten Maschen rechts.

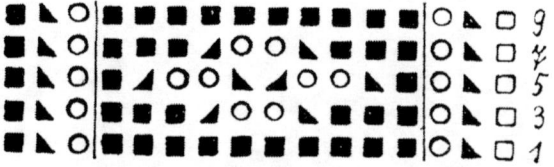

Strickschrift zum Einsatz mit 4 Löchern.
16 M. Anschlag. Alle Rückr. links, nur
die 3 ersten und 3 letzten Maschen rechts.

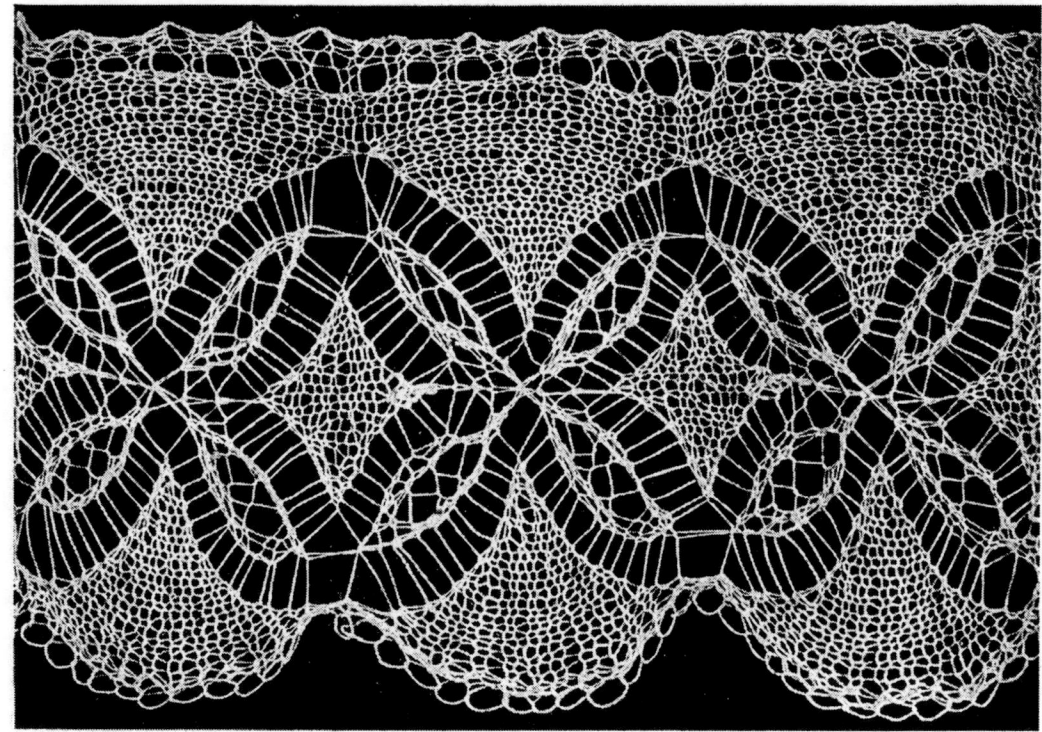

CHARTS 51-52, PG [65]

Einſatz und Spitze „Danzig"

Strickſchriften: Fig. 51 u. 52.

Entwurf und Ausführung: Luiſe Dannehl, Adl.-Wilken bei Gumbinnen.

Das ausdrucksvolle Muſter der obenſtehenden Abbildungen kommt ſo recht zur Geltung, wenn es in feinem Garn ausgeführt wird. Mit Häkelgarn Nr. 100 gearbeitet, wird der Einſatz 10 cm breit und eignet ſich gut zum Einſetzen in Wäſche oder Vorhänge.

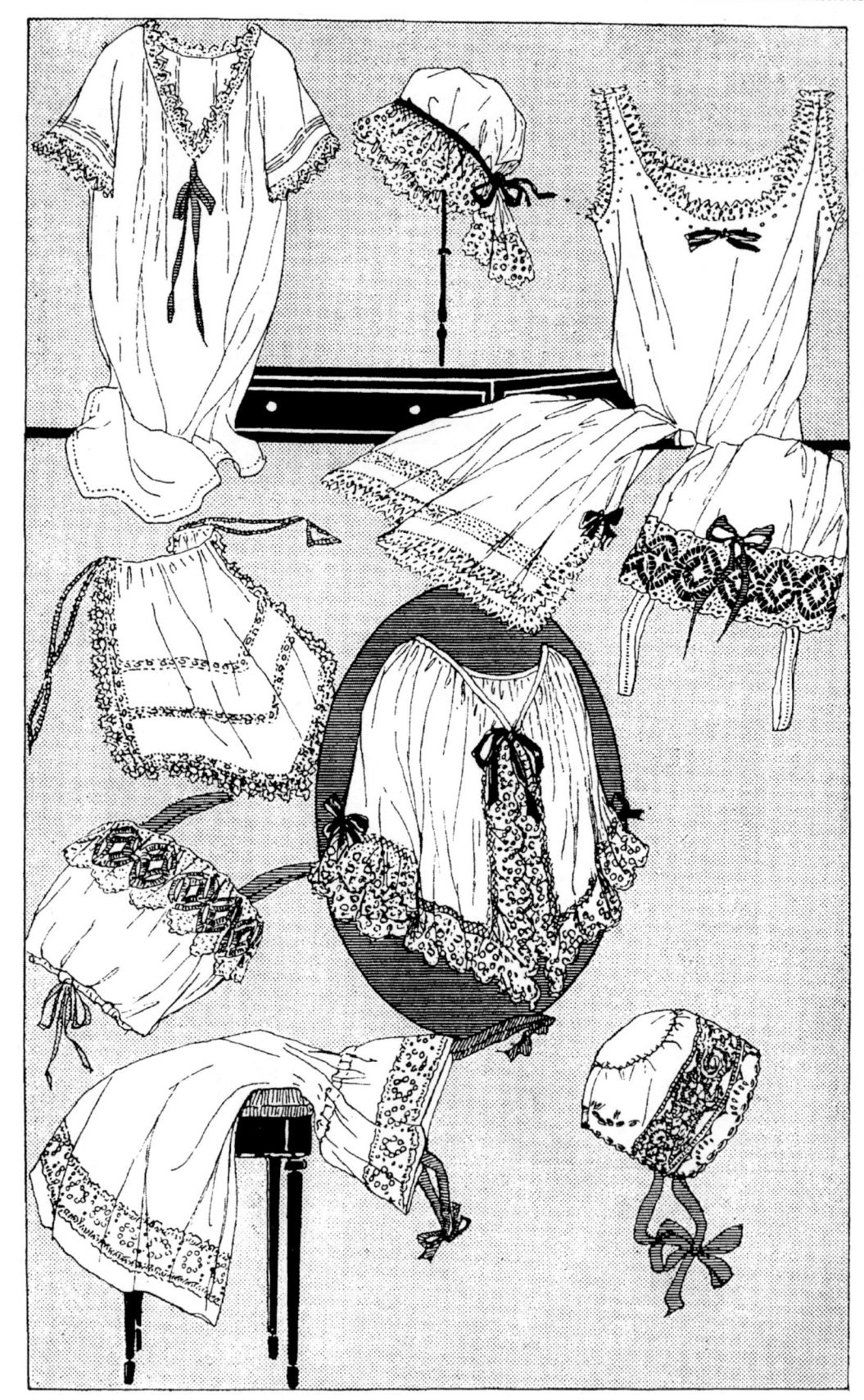

Geschmackvolle Anwendung von gestrickten Einsätzen und Spitzen an Leibwäsche.

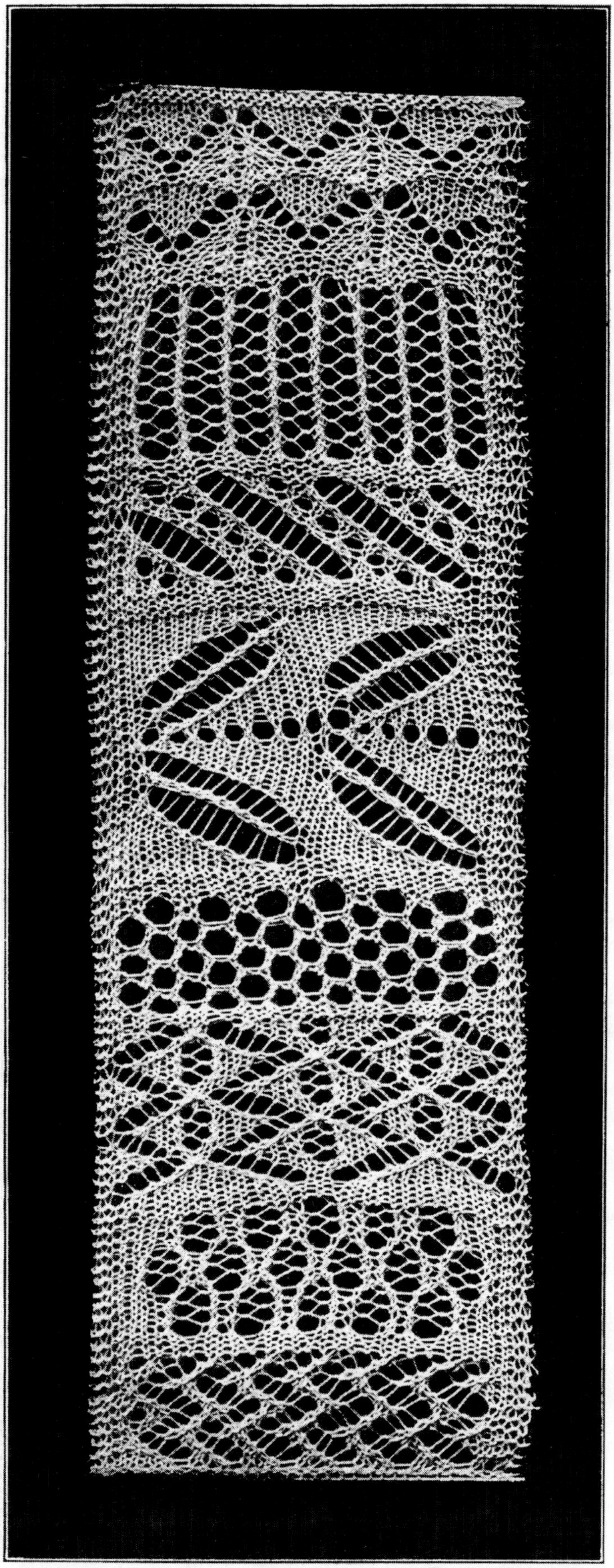

Grundmuster mit Dreieckformen.	Strickschrift: Fig. 39. *CHART 39 PG [59]*
Klares Grundmuster mit Hexentreppe.	Strickschrift: Fig. 40. *CHART 40 PG [59]*
Grundmuster mit schräger Lochreihe.	Strickschrift: Fig. 10. *CHART 10 PG [47]*
Grundmuster mit Blätterkante.	Strickschrift: Fig. 13. *CHART 13 PG [45]*
Grundmuster „Erbstüll"	Strickschrift: Fig. 44. *CHART 44 PG [59]*
Reiches Grundmuster.	Strickschrift: Fig. 12. *CHART 12 PG [45]*
Grundmuster „Butzenscheibe."	Strickschrift: Fig. 11. *CHART 11 PG [45]*
Grundmuster mit Zickzack-Linien.	Strickschrift: Fig. 34. *CHART 34 PG [57]*

Großer Vorhang mit eingesetzten Vierecken

Der duftige Vorhang aus weißem Schleierstoff ist neben den gestrickten Vierecken noch reich mit Durchbrüchen geziert. Auf Seite 18 ist das eigenartige Viereck größer dargestellt; allerdings eignet es sich ohne Spitze besser zum Einsetzen. Das kleine gestrickte Spitzchen, das den ausgeeckten unteren Rand begrenzt, ist auf S. 23 in natürlicher Größe abgebildet. Schöne Vorlagen für Durchbruch-Arbeiten enthält Beyer's Handarbeitsbuch Bd. 27, Hohlsaum und Leinendurchbruch.

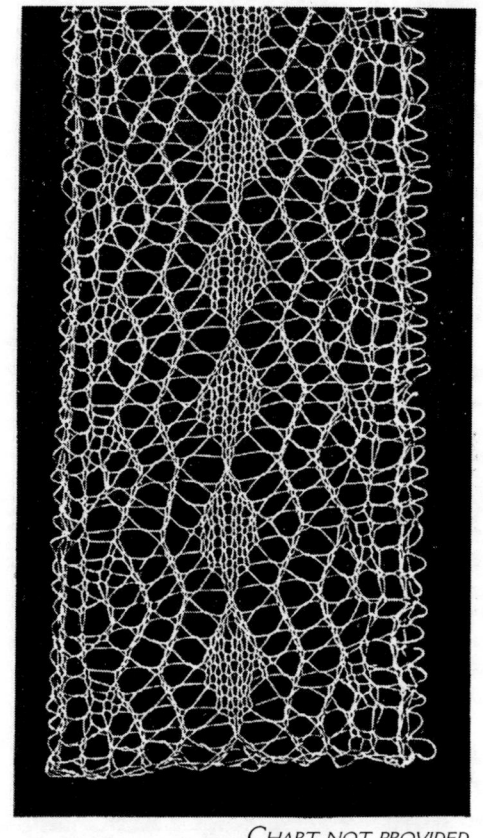

Chart not provided

Einsatz, in kurzen Reihen zu stricken. Ausgeführt von Steffi Lindner, Wien. Strickschrift auf Beyers Musterblatt 103.

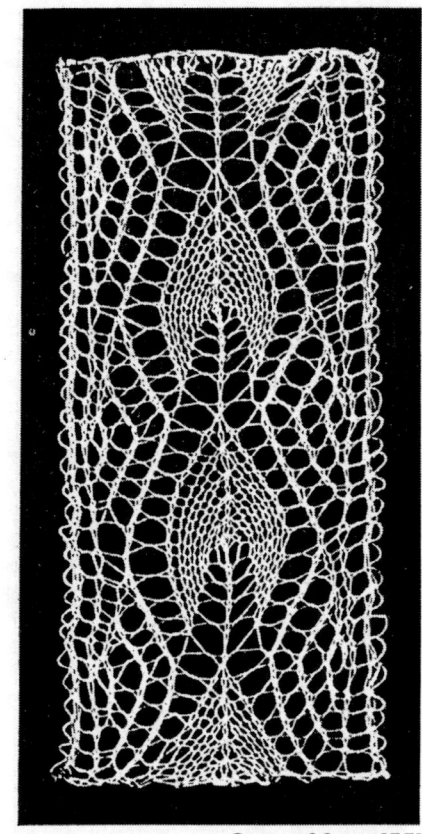

Chart 38, pg [55]

Einsatz in Wiener Art. Ausgeführt von
Steffi Lindner in Wien. Strickschrift
Fig. 30 auf Beiblatt III.

Einzelheiten zur Decke mit Perlenabschluß, Seite 4

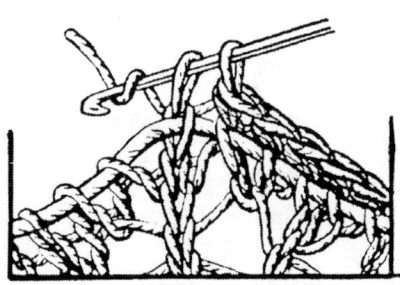

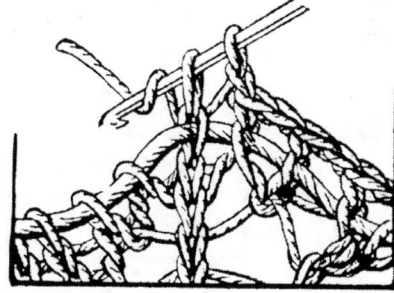

Damit der Rand an gestrickten Decken
recht gleichmäßig und reichlich dehnbar wird, zieht man zum Abketteln
alle Maschen auf einen
starken Faden und kettelt
sie mit der Häkelnadel ab.

Um an einzelnen Stellen den Rand
noch dehnbarer zu erhalten, arbeitet
man beim Abmaschen zwischen die
festen Maschen eine oder mehrere
Luftmaschen.

Beim Einhäkeln der auf
den Arbeitsfaden ge-
schobenen Perlen holt
man mit der Häkelnadel
noch 1 M. durch die Perle

hindurch, sodaß der Faden
dreifach in der Perle liegt.
Unsere Abbild. zeigt, wie
man die 1 ste Masche
mit der Nadel festhält.

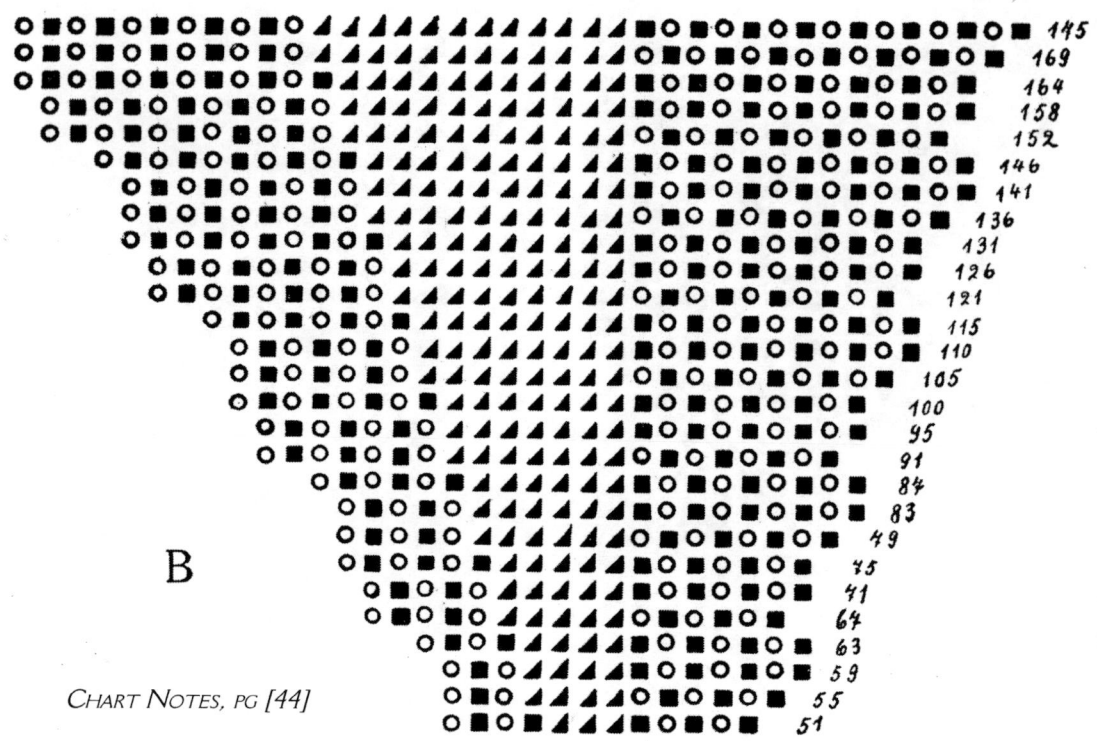

CHART NOTES, PG [44]

145
169
164
158
152
146
141
136
131
126
121
115
110
105
100
95
91
84
83
79
75
71
64
63
59
55
51

B

Strickschriften zur Decke mit Perlenabschluß, Seite 4

Anschlag 6 Maschen. Die Strickschrift A der Runden 1—10 dreimal stricken, die der Runden 11 bis 47 24mal, alle nicht erwähnten Runden werden rechts gestrickt. Mit Hilfe eines eingestrickten Fädchens achte man genau darauf, daß das Muster stets auf der gleichen Stelle einsetzt. Strickschrift B 24 mal in der Runde stricken. Alle nicht angegebenen Runden werden rechts gestrickt. Das Muster kann für jede beliebige Deckengröße fortgesetzt werden, da es sich vollkommen gleichmäßig weiter vergrößert. In der letzten Musterrunde schlägt man jedesmal 2 mal um, strickt dann noch 1 Rd. rechts, wobei man darauf achtet, daß aus dem Doppelumschlag 1 ganz lose Masche wird. Dann kettet man mit der Häkelnadel ab und schiebt in die Spitze jeder Zacke 3 Perlen ein, die vorher auf den Faden gezogen worden sind. Damit das Einhäkeln der Perlen haltbar wird, holt man mit der Häkelnadel jedesmal noch eine M. durch, sodaß der Faden 3mal in der Perle liegt. (Siehe die Einzelheiten auf Seite 33.)

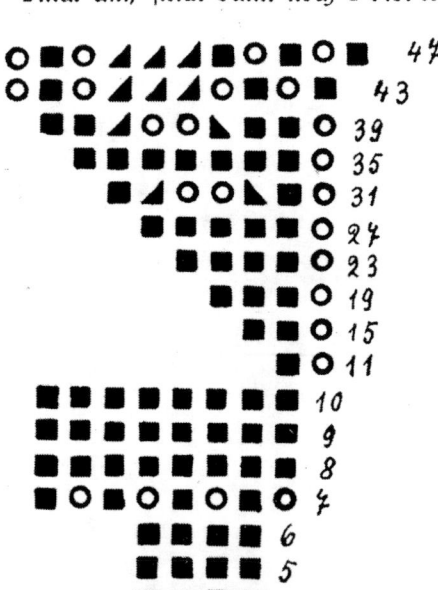

47
43
39
35
31
27
23
19
15
11
10
9
8
7
6
5
4
3
2
1

A

Beschreibung zum Deckchen auf S. 1

Strickschrift Fig. 2 auf Beiblatt I

Das feine, mit Häkelgarn Nr. 100 gestrickte Deckchen ist 22 cm groß. Man beginnt mit einem Anschlag von 6 M., schließt zur Runde und arbeitet auf 3 Nadeln. Alle auf der Strickschrift nicht vermerkten Runden werden rechts gestrickt, und man bezeichnet den Anfang eines Musters durch einen bunten Faden. Nach dem Abketteln behäkelt man den äußeren Rand des Deckchens mit folgendem Abschluß: 6 Lftm., 1 f. M. in die 2te Lftm. 1 Lftm., 1 f. M. in die zweitnächste Kettenm. In Zackentiefe wird die f. M. zweimal in die dritte Kettenm. gestochen.

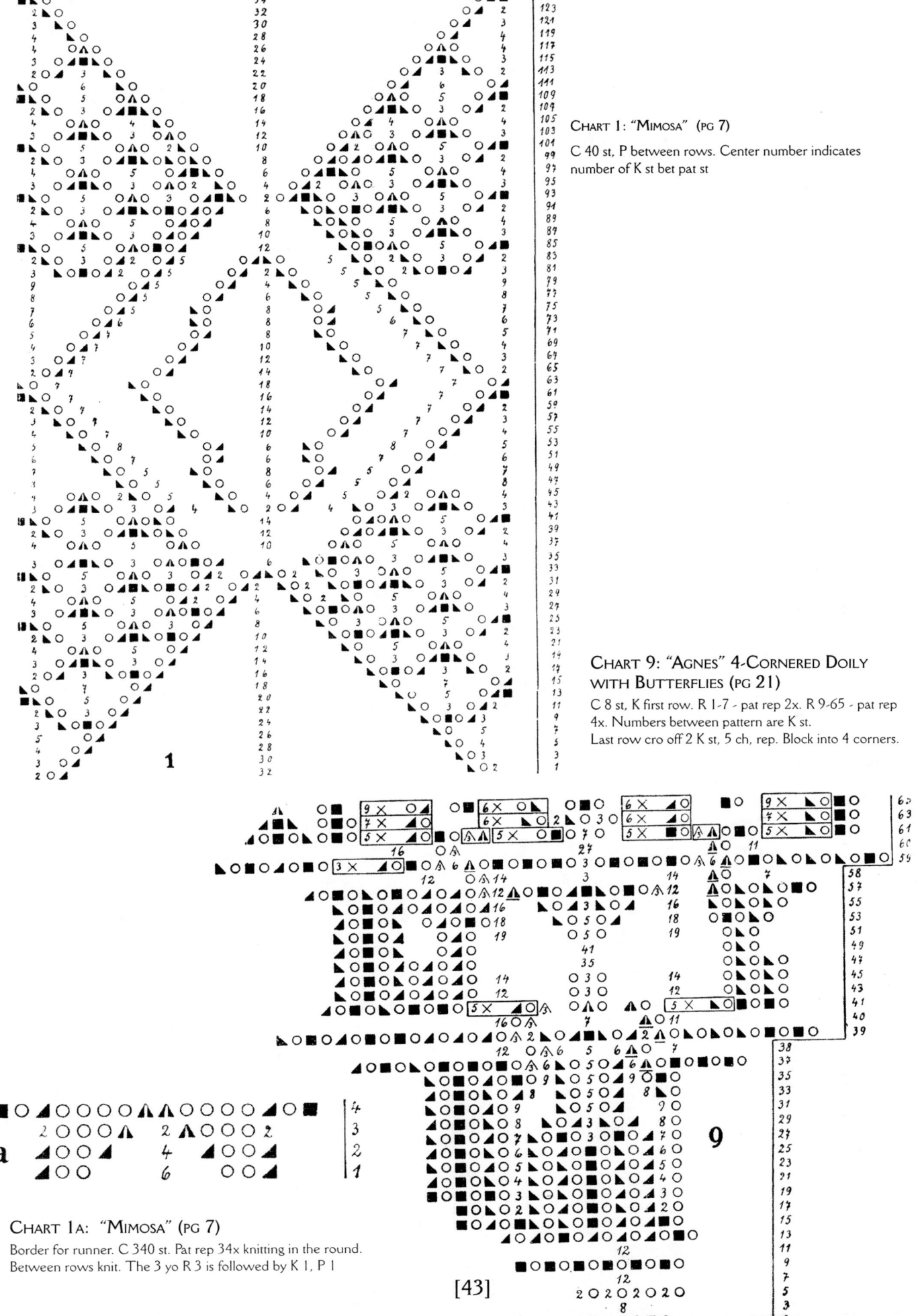

CHART 1: "MIMOSA" (PG 7)

C 40 st, P between rows. Center number indicates number of K st bet pat st

CHART 9: "AGNES" 4-CORNERED DOILY WITH BUTTERFLIES (PG 21)

C 8 st, K first row. R 1-7 - pat rep 2x. R 9-65 - pat rep 4x. Numbers between pattern are K st.
Last row cro off 2 K st, 5 ch, rep. Block into 4 corners.

CHART 1A: "MIMOSA" (PG 7)

Border for runner. C 340 st. Pat rep 34x knitting in the round.
Between rows knit. The 3 yo R 3 is followed by K 1, P 1

[43]

Zeichenerklärung:

- □ abheben.
- ■ rechts.
- ⊟ links.
- O umschlagen.
- ◣ abnehmen, d. h. 1 M. abheben, 1 M. stricken, die abgehobene M. überziehen.
- ◢ 2 M. rechts zus.stricken.
- ◿ 2 M. links zus.stricken.
- △ 3 M. links zus.stricken.
- Λ 1 M. abheben, 2 M. zus.stricken, die abgehobene M. überziehen.
- V aus 1 M. 2 M. stricken.
- [W] Wickelmasche.
- ◆ verschränkt.
- ⁀ΛΛ 2mal 3 M. zus.stricken, die 1. M. über die 2. M. ziehen.
- 3 / 3 3 M. auf eine Hilfsnadel heben, 3 M. stricken, die abgehobenen M. überziehen und einzeln abstricken.
- 7 V 7 M. aus 1 M. oder 1 Umschlag stricken.
- 4 V 4 M. aus 1 M. stricken.
- ‖ 3 Maschen verschränkt zus.stricken.
- Λ 5 5 M. zus.stricken.

1 M. z. = Masche zurück, d. h. die erste Masche der Runde auf die letzte Nadel der vorhergehenden Runde stricken.

1 M. h. = Masche herüber, d. h die letzte M. der vorhergehenden Runde auf die erste Nadel der neuen Runde heben.

Key to Charts from original manuscript.
See translation on pages 6-7

TEXT PAGE NOTES

EDGINGS & INSERTIONS (PG 28)

PEA NET "ERBSTUELLE" (UPPER LEFT)

EDGING: C 8st. Pat rep R 1-7. Ret rows P, K last st. R 6 - P 2 & 3 st tog.

INSERTION: C 12 st. Rep rows 1-3. Ret rows P, K last st

THREE HOLE EDGING (UPPER RIGHT)

Designed for ribbon insert

C 10 st. Pat rep 1-9. Ret rows P, K last 3 st

Designed for ribbon insert

FOUR HOLE INSERTION (UPPER RIGHT).

C 16 st. Ret rows K first and last 3 st

EDGING & INSERTION FOR BEADING (CENTER)

Designed for ribbon insert

EDGING: Cast on 6. Ret row P. R 6 – Slip first st, P 2 & 3 st tog. Lift 1st over.

INSERTION: C 12 st. Ret rows K first and last 3 st

CHART A-B (PAGE 34)

PATTERN FOR CLOTH WITH BEADED EDGE "DECKE MIT PERLENABSCHLUZ" (PG 4)

Chart A: C 6 st, R 1-10 - rep 3x. R 11-47 - rep 24x. Using a string or ring will help line up repeats.

Chart B: R 51 - Pat rep 24x. R 145 – K 2 yo. Last R – yo K1 to create a loose st. Cro off following directions on p 33Designed for ribbon insert. Slip all st onto a heavier thread (see picture). Cro over this thread into ea st, 1 or more ch as desired. 1 or 3 beads can be cro into each scallop. These are first prestrung onto working thread. Slide into place when needed. Insert cro hk into bead and cro next st. There are now 3 thds inside the bead giving a tight fit. Repeat.

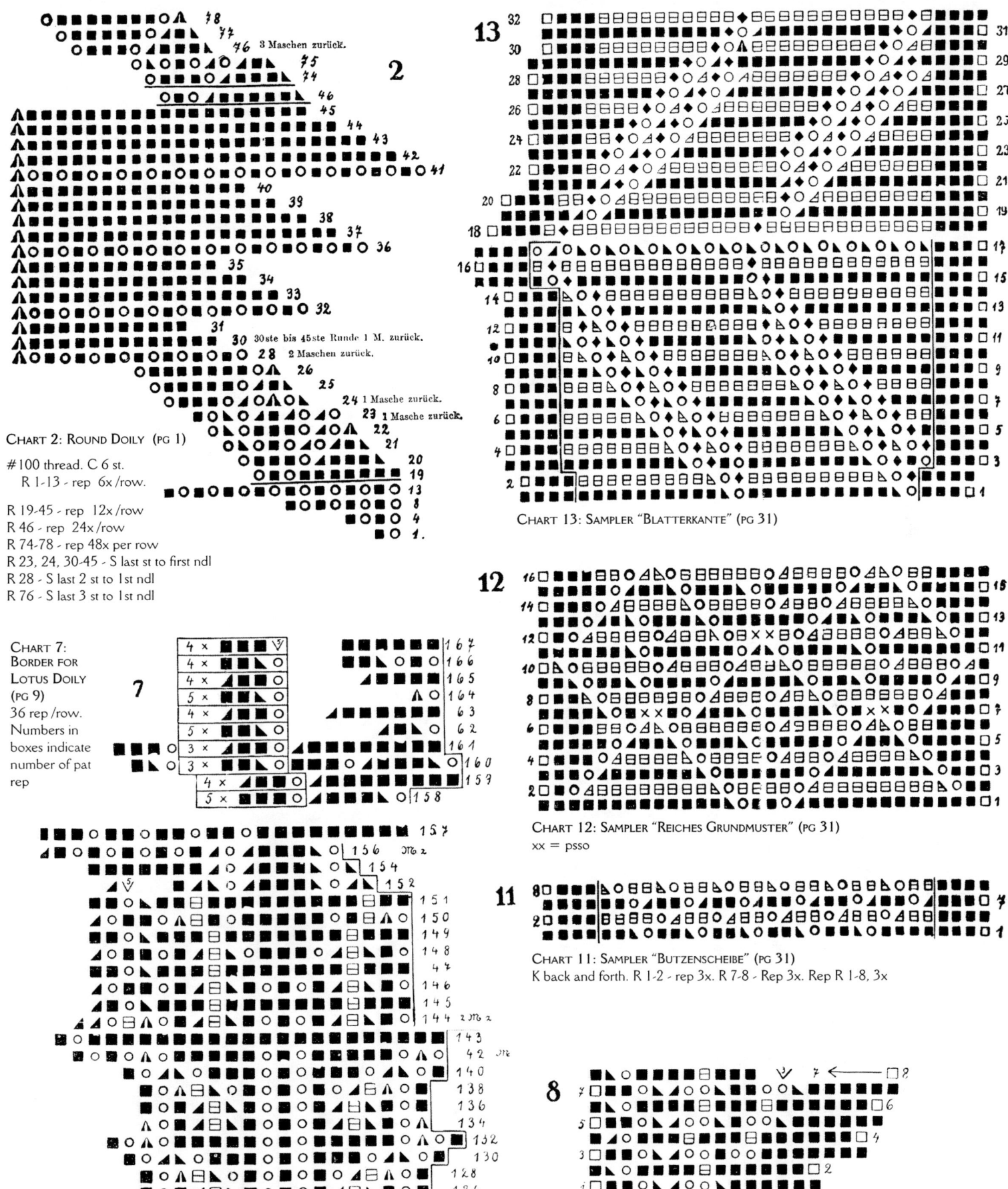

2

77
76 3 Maschen zurück.
75
74
46
45
44
43
42
41
40
39
38
37
36
35
34
33
32
31
30ste bis 45ste Runde 1 M. zurück.
28 2 Maschen zurück.
26
25
24 1 Masche zurück.
23 1 Masche zurück.
22
21
20
19
13
8
4
1.

CHART 2: ROUND DOILY (PG 1)

#100 thread. C 6 st.
R 1-13 - rep 6x /row.

R 19-45 - rep 12x/row
R 46 - rep 24x/row
R 74-78 - rep 48x per row
R 23, 24, 30-45 - S last st to first ndl
R 28 - S last 2 st to 1st ndl
R 76 - S last 3 st to 1st ndl

CHART 7:
BORDER FOR
LOTUS DOILY
(PG 9)
36 rep /row.
Numbers in
boxes indicate
number of pat
rep

7

4 × 167
4 × 166
4 × 165
164
4 × 63
5 × 62
161
3 × 160
3 × 159
4 × 158
5 × 157
156
154
152
151
150
149
148
47
146
145
144
143
42
140
138
136
134
132
130
128
126
124

6

CHART 6: BORDER FOR: LOTUS DOILY (PG 9) [SEE CHARTS 3 - 7]
Pat rep 36 x /row. R 142,156 - S last st to first ndl. R 144 - S last 2 st to first ndl.

13

32
30
28
26
24
22
20
18
16
14
12
10
8
6
4
2

31
29
27
25
23
21
19
17
15
13
11
9
7
5
3
1

CHART 13: SAMPLER "BLATTERKANTE" (PG 31)

12

16
14
12
10
8
6
4
2

15
13
11
9
7
5
3
1

CHART 12: SAMPLER "REICHES GRUNDMUSTER" (PG 31)
xx = psso

11

8
2

7
1

CHART 11: SAMPLER "BUTZENSCHEIBE" (PG 31)
K back and forth. R 1-2 - rep 3x. R 7-8 - Rep 3x. Rep R 1-8, 3x

8

7
5
3
1

8
6
4
2

CHART 8: "ALTENBERG" EDGING (PG 12)
C 15 st, pat rep rows for desired length.

[45]

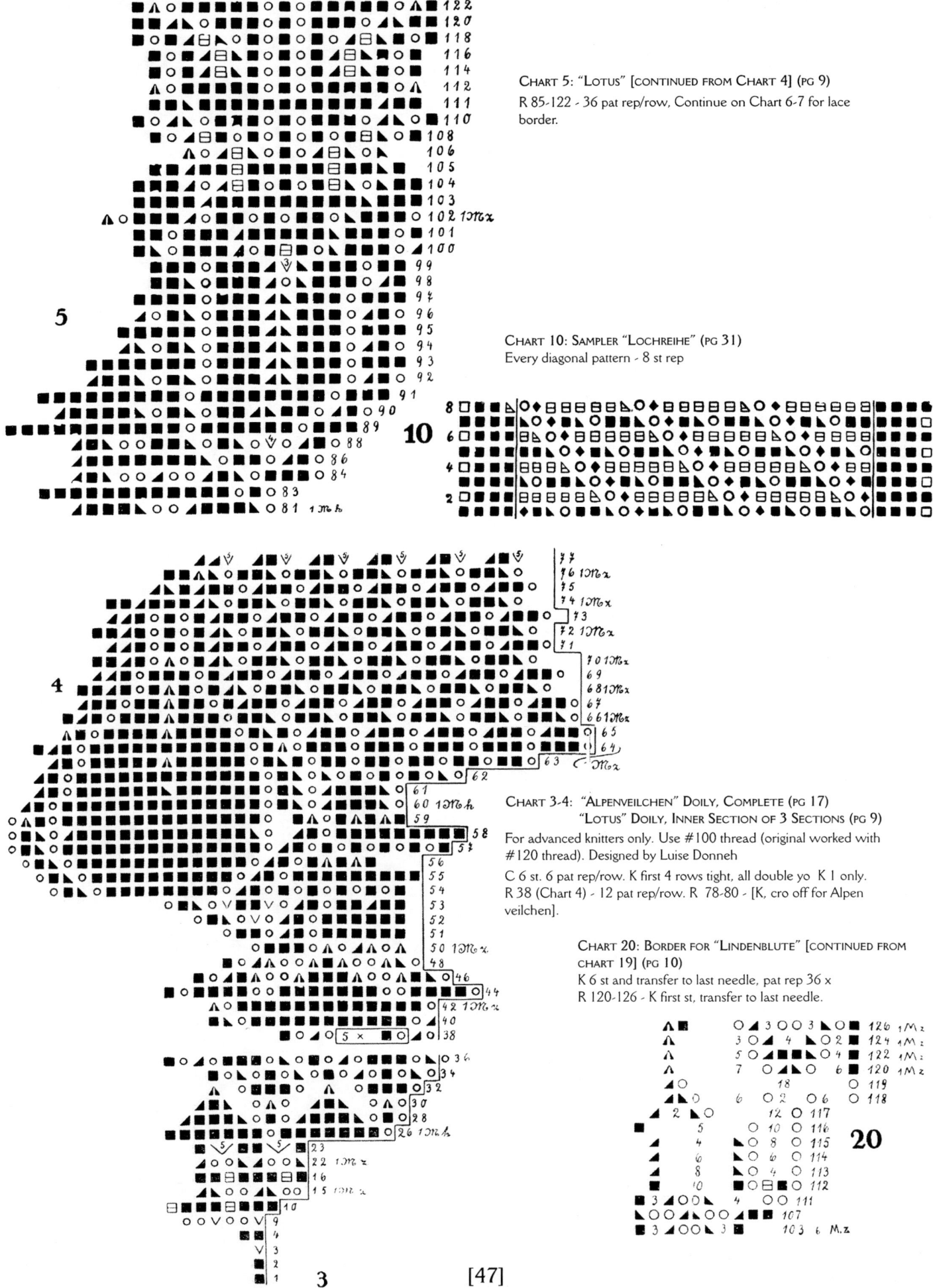

Chart 5: "Lotus" [continued from Chart 4] (pg 9)
R 85-122 - 36 pat rep/row, Continue on Chart 6-7 for lace border.

Chart 10: Sampler "Lochreihe" (pg 31)
Every diagonal pattern - 8 st rep

Chart 3-4: "Alpenveilchen" Doily, Complete (pg 17)
"Lotus" Doily, Inner Section of 3 Sections (pg 9)
For advanced knitters only. Use #100 thread (original worked with #120 thread). Designed by Luise Donneh

C 6 st. 6 pat rep/row. K first 4 rows tight, all double yo K 1 only.
R 38 (Chart 4) - 12 pat rep/row. R 78-80 - [K, cro off for Alpen veilchen].

Chart 20: Border for "Lindenblute" [continued from chart 19] (pg 10)
K 6 st and transfer to last needle, pat rep 36 x
R 120-126 - K first st, transfer to last needle.

[47]

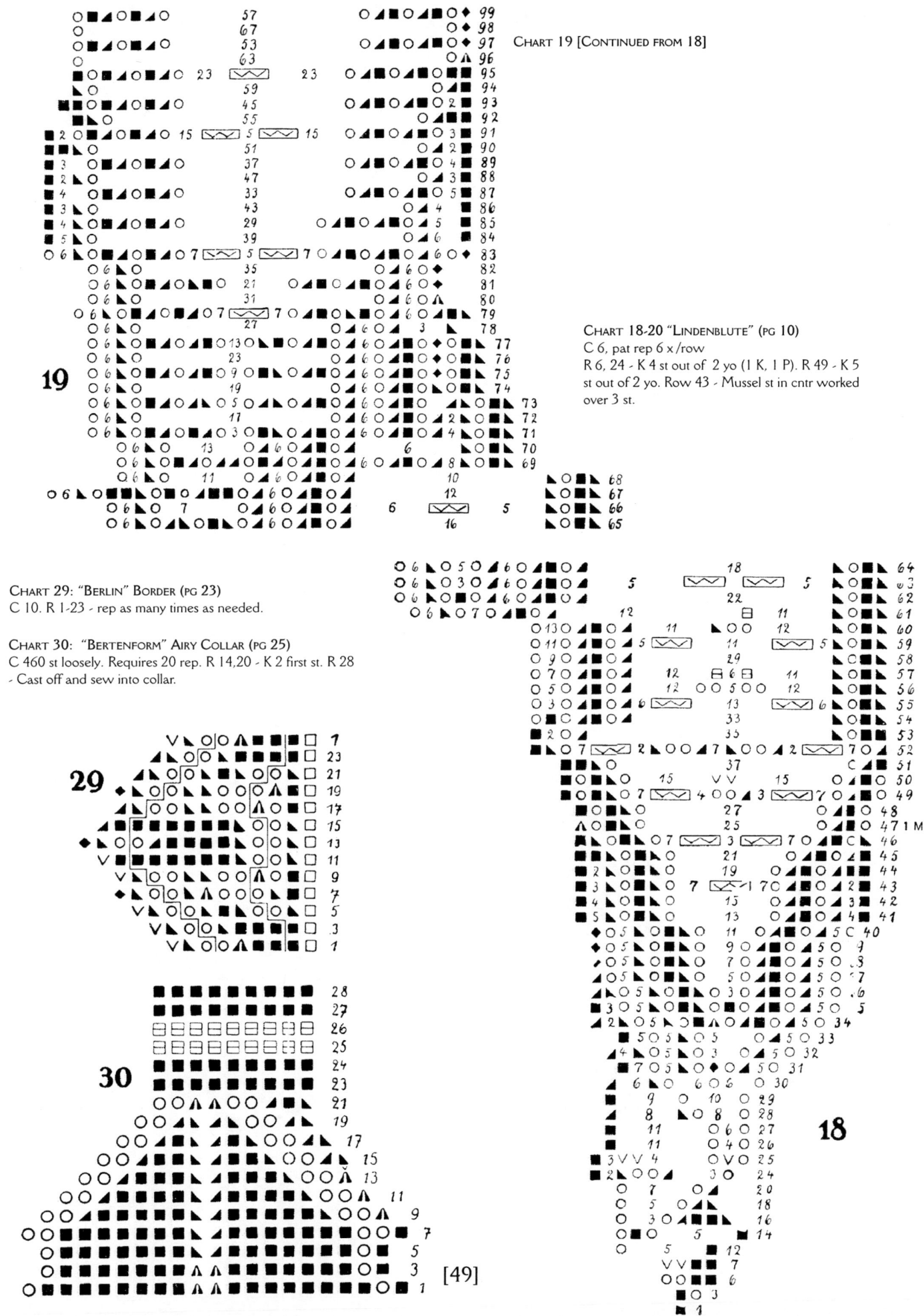

CHART 19 [Continued from 18]

CHART 18-20 "LINDENBLUTE" (PG 10)
C 6, pat rep 6 x/row
R 6, 24 - K 4 st out of 2 yo (1 K, 1 P). R 49 - K 5 st out of 2 yo. Row 43 - Mussel st in cntr worked over 3 st.

CHART 29: "BERLIN" BORDER (PG 23)
C 10. R 1-23 - rep as many times as needed.

CHART 30: "BERTENFORM" AIRY COLLAR (PG 25)
C 460 st loosely. Requires 20 rep. R 14,20 - K 2 first st. R 28 - Cast off and sew into collar.

[49]

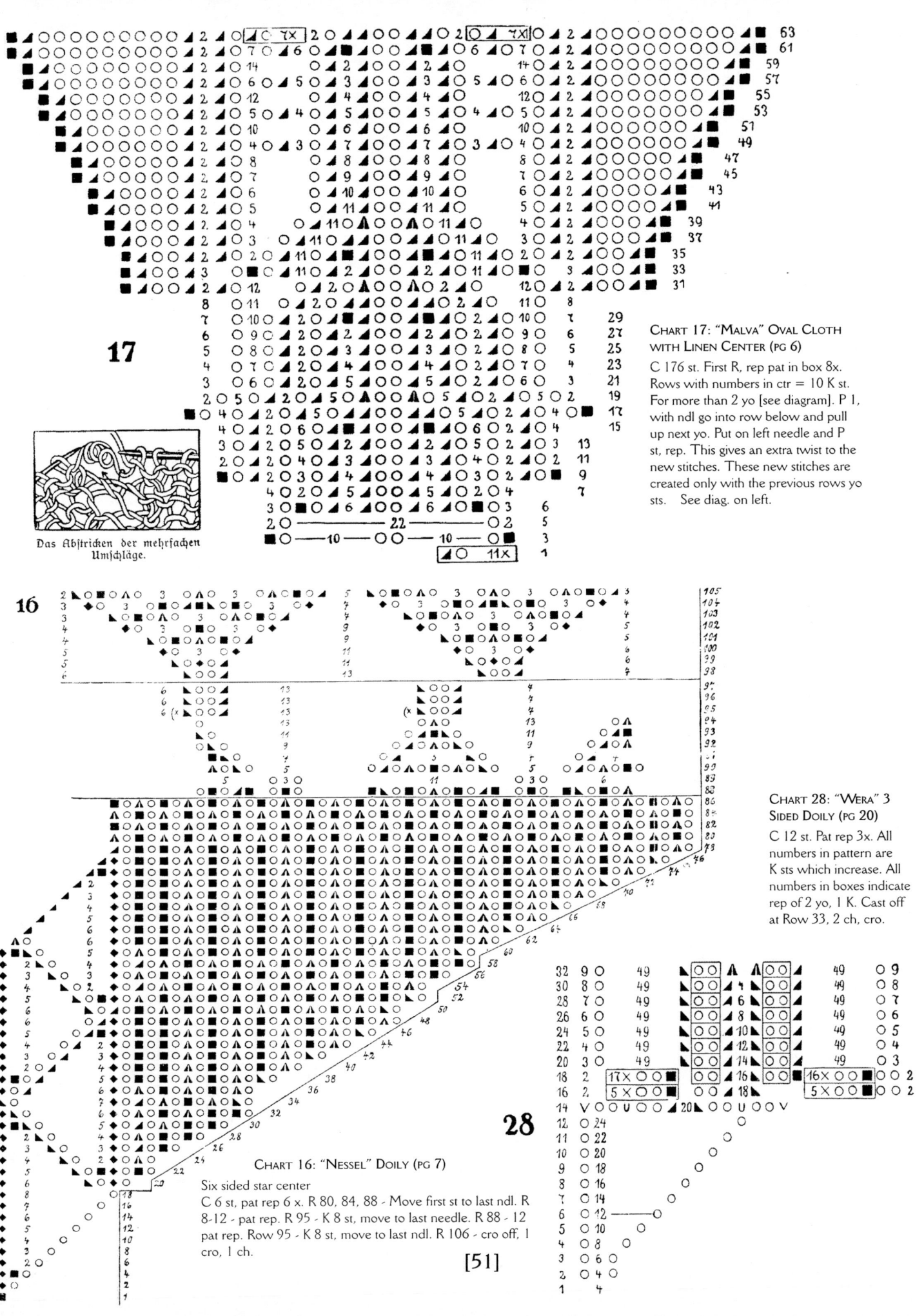

Das Abstricken der mehrfachen Umschläge.

17

CHART 17: "MALVA" OVAL CLOTH WITH LINEN CENTER (PG 6)

C 176 st. First R, rep pat in box 8x. Rows with numbers in ctr = 10 K st. For more than 2 yo [see diagram]. P 1, with ndl go into row below and pull up next yo. Put on left needle and P st, rep. This gives an extra twist to the new stitches. These new stitches are created only with the previous rows yo sts.   See diag. on left.

16

28

CHART 28: "WERA" 3 SIDED DOILY (PG 20)

C 12 st. Pat rep 3x. All numbers in pattern are K sts which increase. All numbers in boxes indicate rep of 2 yo, 1 K. Cast off at Row 33, 2 ch, cro.

CHART 16: "NESSEL" DOILY (PG 7)

Six sided star center

C 6 st, pat rep 6 x. R 80, 84, 88 - Move first st to last ndl. R 8-12 - pat rep. R 95 - K 8 st, move to last needle. R 88 - 12 pat rep. Row 95 - K 8 st, move to last ndl. R 106 - cro off, 1 cro, 1 ch.

[51]

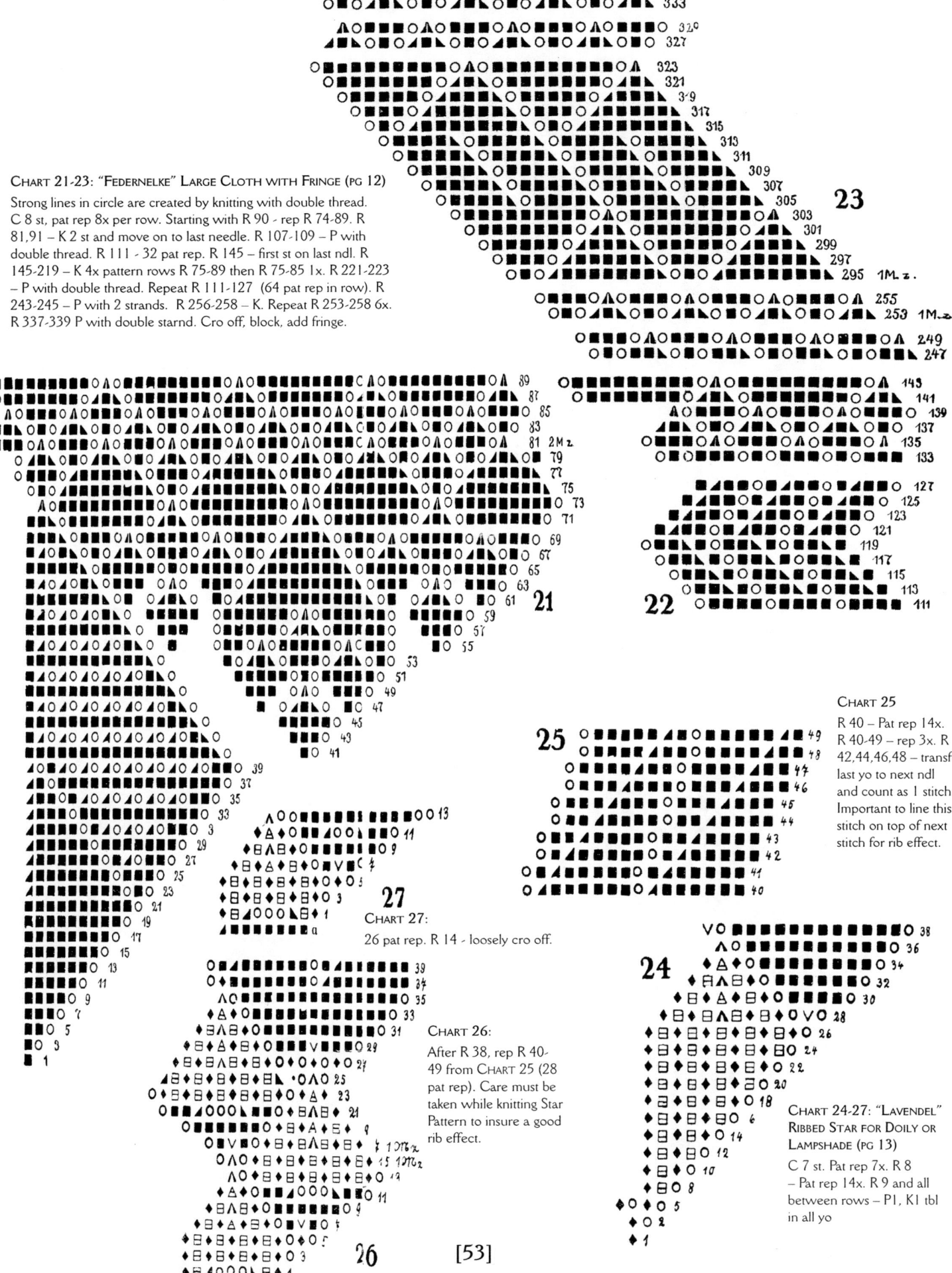

CHART 21-23: "FEDERNELKE" LARGE CLOTH WITH FRINGE (PG 12)

Strong lines in circle are created by knitting with double thread. C 8 st, pat rep 8x per row. Starting with R 90 - rep R 74-89. R 81,91 – K 2 st and move on to last needle. R 107-109 – P with double thread. R 111 - 32 pat rep. R 145 – first st on last ndl. R 145-219 – K 4x pattern rows R 75-89 then R 75-85 1x. R 221-223 – P with double thread. Repeat R 111-127 (64 pat rep in row). R 243-245 – P with 2 strands. R 256-258 – K. Repeat R 253-258 6x. R 337-339 P with double starnd. Cro off, block, add fringe.

CHART 25

R 40 – Pat rep 14x. R 40-49 – rep 3x. R 42,44,46,48 – transfer last yo to next ndl and count as 1 stitch. Important to line this stitch on top of next stitch for rib effect.

CHART 27:

26 pat rep. R 14 - loosely cro off.

CHART 26:

After R 38, rep R 40-49 from CHART 25 (28 pat rep). Care must be taken while knitting Star Pattern to insure a good rib effect.

CHART 24-27: "LAVENDEL" RIBBED STAR FOR DOILY OR LAMPSHADE (PG 13)

C 7 st. Pat rep 7x. R 8 – Pat rep 14x. R 9 and all between rows – P1, K1 tbl in all yo

[53]

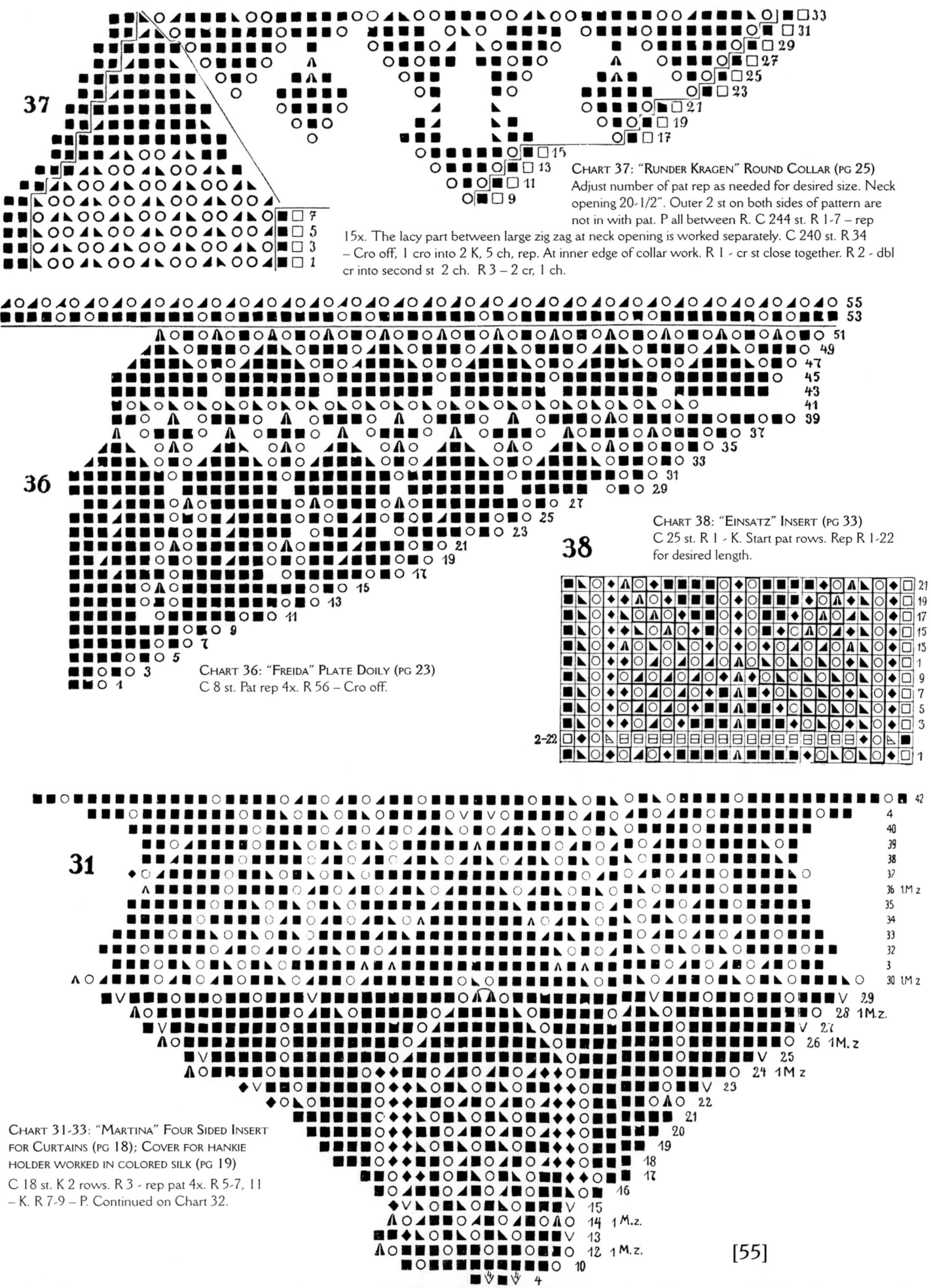

37

CHART 37: "RUNDER KRAGEN" ROUND COLLAR (PG 25)
Adjust number of pat rep as needed for desired size. Neck opening 20-1/2". Outer 2 st on both sides of pattern are not in with pat. P all between R. C 244 st. R 1-7 – rep 15x. The lacy part between large zig zag at neck opening is worked separately. C 240 st. R 34 – Cro off, 1 cro into 2 K, 5 ch, rep. At inner edge of collar work. R 1 – cr st close together. R 2 – dbl cr into second st 2 ch. R 3 – 2 cr, 1 ch.

36

CHART 36: "FREIDA" PLATE DOILY (PG 23)
C 8 st. Pat rep 4x. R 56 – Cro off.

38

CHART 38: "EINSATZ" INSERT (PG 33)
C 25 st. R 1 - K. Start pat rows. Rep R 1-22 for desired length.

31

CHART 31-33: "MARTINA" FOUR SIDED INSERT FOR CURTAINS (PG 18); COVER FOR HANKIE HOLDER WORKED IN COLORED SILK (PG 19)
C 18 st. K 2 rows. R 3 - rep pat 4x. R 5-7, 11 – K. R 7-9 – P. Continued on Chart 32.

[55]

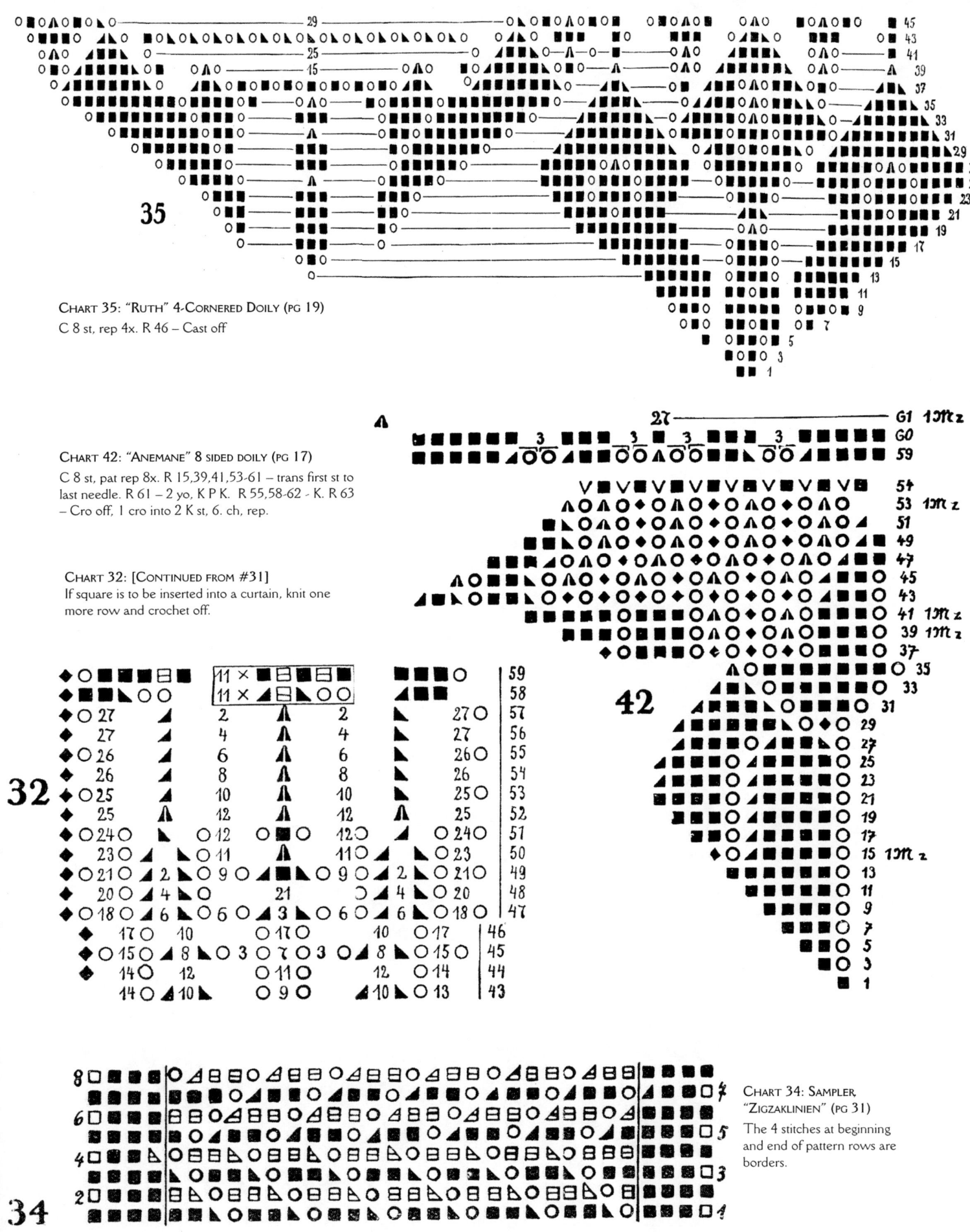

CHART 35: "RUTH" 4-CORNERED DOILY (PG 19)
C 8 st, rep 4x. R 46 – Cast off

CHART 42: "ANEMANE" 8 SIDED DOILY (PG 17)
C 8 st, pat rep 8x. R 15,39,41,53-61 – trans first st to last needle. R 61 – 2 yo, K P K. R 55,58-62 - K. R 63 – Cro off, 1 cro into 2 K st, 6. ch, rep.

CHART 32: [CONTINUED FROM #31]
If square is to be inserted into a curtain, knit one more row and crochet off.

CHART 34: SAMPLER, "ZIGZAKLINIEN" (PG 31)
The 4 stitches at beginning and end of pattern rows are borders.

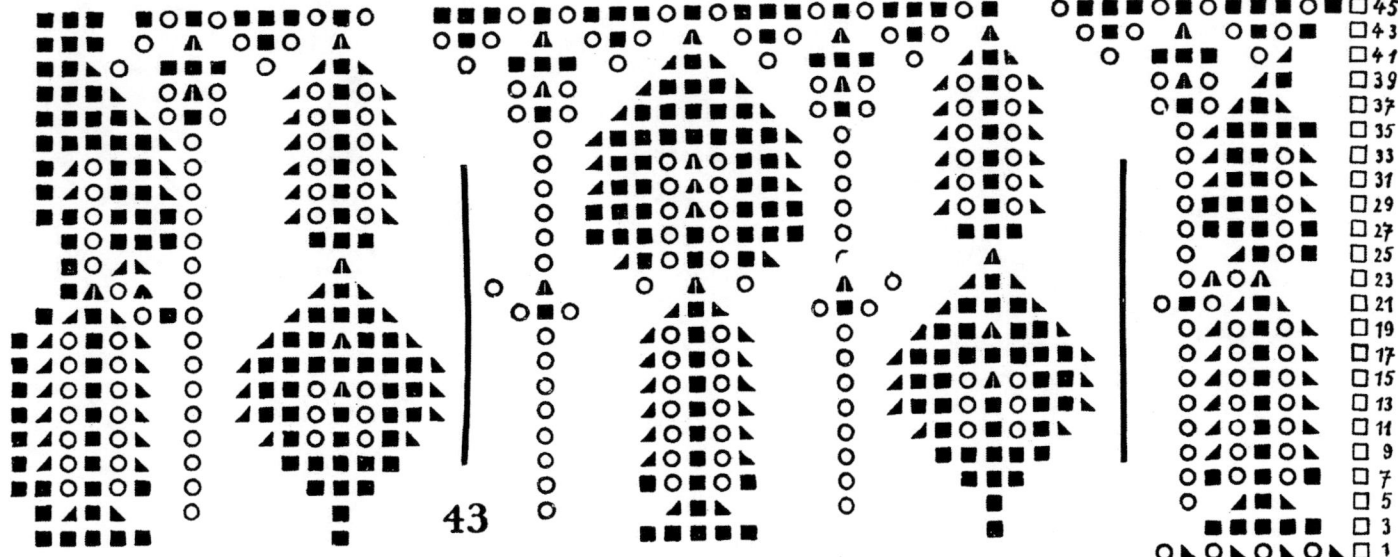

CHART 43: "ZWEITEILIGER KRAGEN" TWO PART COLLAR (PG 24)

This collar can also be working into 1 piece for sweet-heart with 29-1/2".neckline. C 162 st using #40 thread and #7 ndl. Pat rep of 6 st can be adjusted for other sizes. All between rows, P.

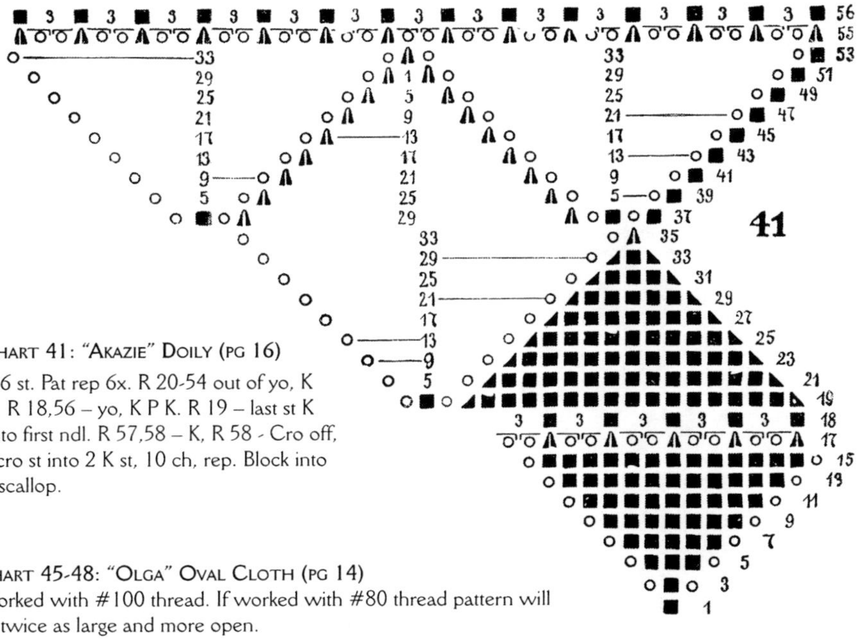

41

48

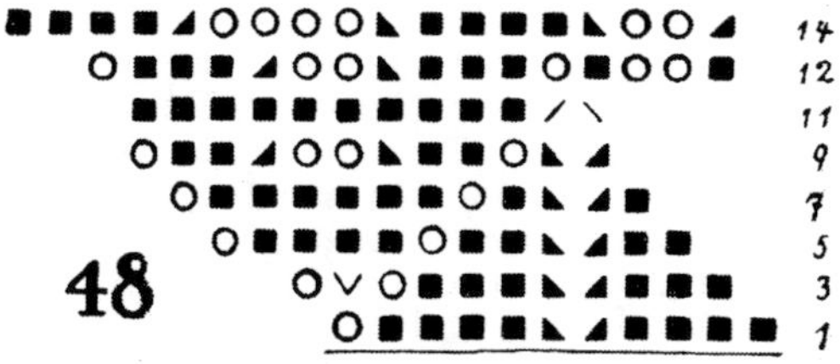

CHART 48: "OLGA" OUTER BORDER (PG 14)

Pat rep 40x. All between rows K. R 11 – Symbol means S first st over second st to close pst. Knit both st. R 15 – Cro off loosely. On all 2 yo, 1 cro, 2 ch, 1 cro. Block large and small points.

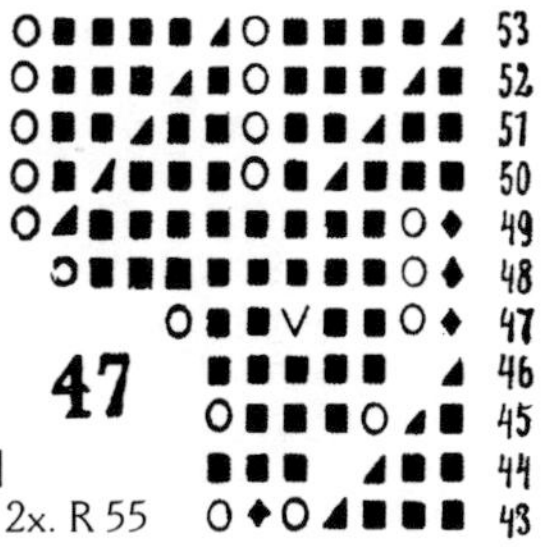

47

CHART 47: "OLGA"
[CONTINUATION FROM CHART 46]
R 43 – Pat rep 20x. R 43-53 – rep 2x. R 55 – pat rep 40x. R 47-50, K between rows.

CHART 41: "AKAZIE" DOILY (PG 16)

C 6 st. Pat rep 6x. R 20-54 out of yo, K P . R 18,56 – yo, K P K. R 19 – last st K onto first ndl. R 57,58 – K, R 58 - Cro off, 2 cro st into 2 K st, 10 ch, rep. Block into lg scallop.

CHART 45-48: "OLGA" OVAL CLOTH (PG 14)

Worked with #100 thread. If worked with #80 thread pattern will be twice as large and more open.

With a heavier thread ch14 st, S on to first ndl. Tie the #100 thread on to this needle and P 1 row, K 1 row. At beginning of pat rows, 1 yo and lift off, then start pat R 1-4. Rep pat rows 6x. R 5 – P. R 6 – K. Pick up the edge st and knit in the round. If needed add extra st on the sides to total 60 st. Remove the chain from first row carefully.

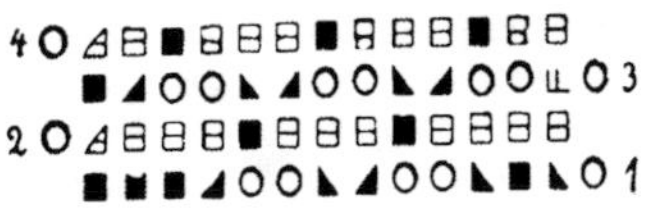

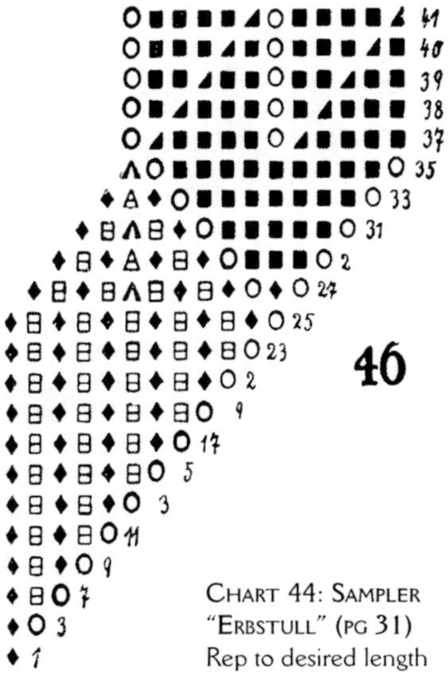

45

46

CHART 46: "OLGA" [CONTINU-ATION FROM CHART 45]
Start at R 8. Alternate 1 tbl, 1 P. R 9 – pat rep 20x. All between rows work like R 8, all yo K.

CHART 40: SAMPLER "HEXENTREPPE" WITCHES STAIRS (PG 31)
Rep to desired length.

40

CHART 39: SAMPLER "DREIECKFORMAN" (PG 31)
Outer 2 st on both sides of border are not counted in pat. 12 R pat rep.

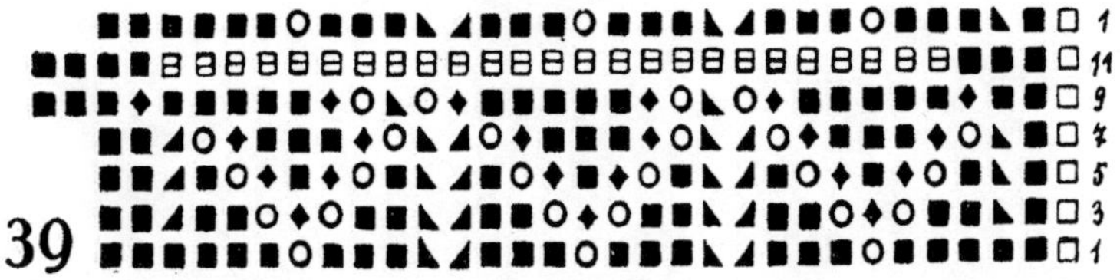

44

CHART 44: SAMPLER "ERBSTULL" (PG 31)
Rep to desired length

39 [59]

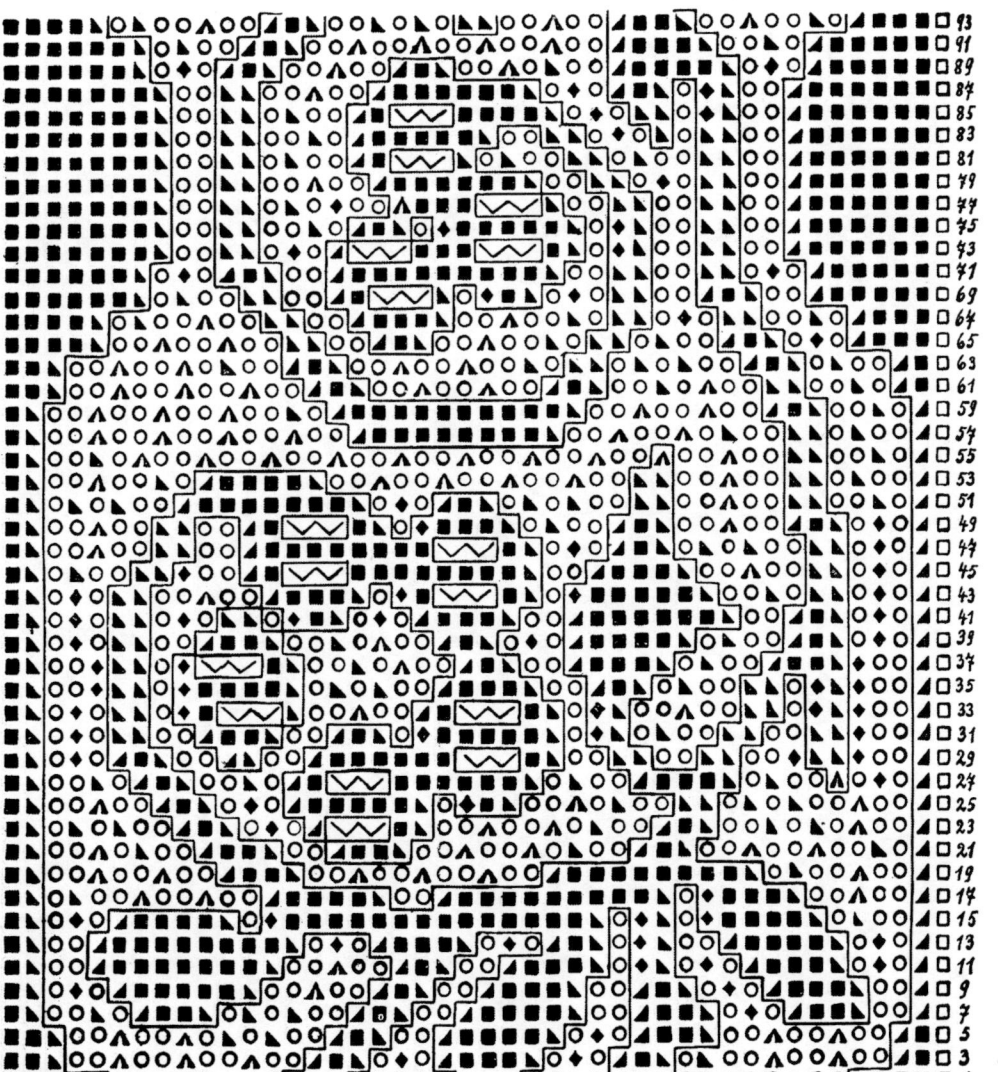

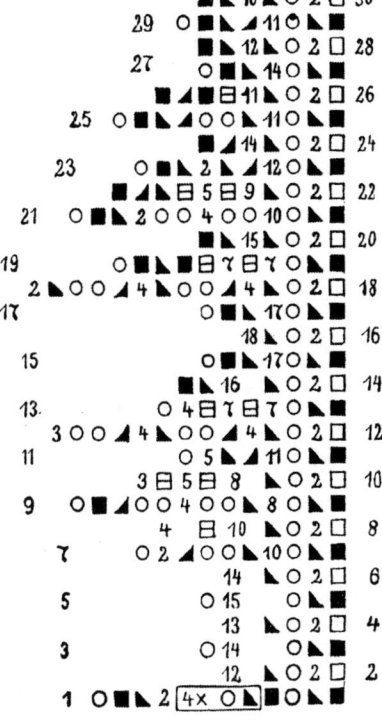

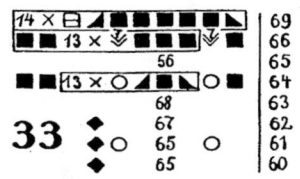

55

CHART 55: "KARALA" OVAL DOILY (PG 15)
Worked with #100 thread
C 176 st. Pat rep 16x. All multiple yo, K 1, drop the remaining yo off the ndl and pick up one at a time again between the the twist of the last R of yo (see diagram on pg 51). K tbl these st. If previous R has no yo below, K, P all yo from your ndl. If multiple yo are at beginning of R, move first st to last ndl. R 20 – K 8 tbl only out of 10 yo. R 34 – cro off.

CHART 54: "KONIGSBERG" DELICATE EDGING (PG 20)
C 17 st. R 30 – complete 1st rep.
Numbers between pat indicate number of K st

54

CHART 50: "BLUTENMUSTER" INSERT (PG 26)
3" wide worked with #90 thread. C 40 st.
Pat rep are from R 1-93 for desired length.

50

33

CHART 33: "MARTINA" BORDER (PG 18)
Pat rep 4x. R 67-68 – K. R 70 cro off.

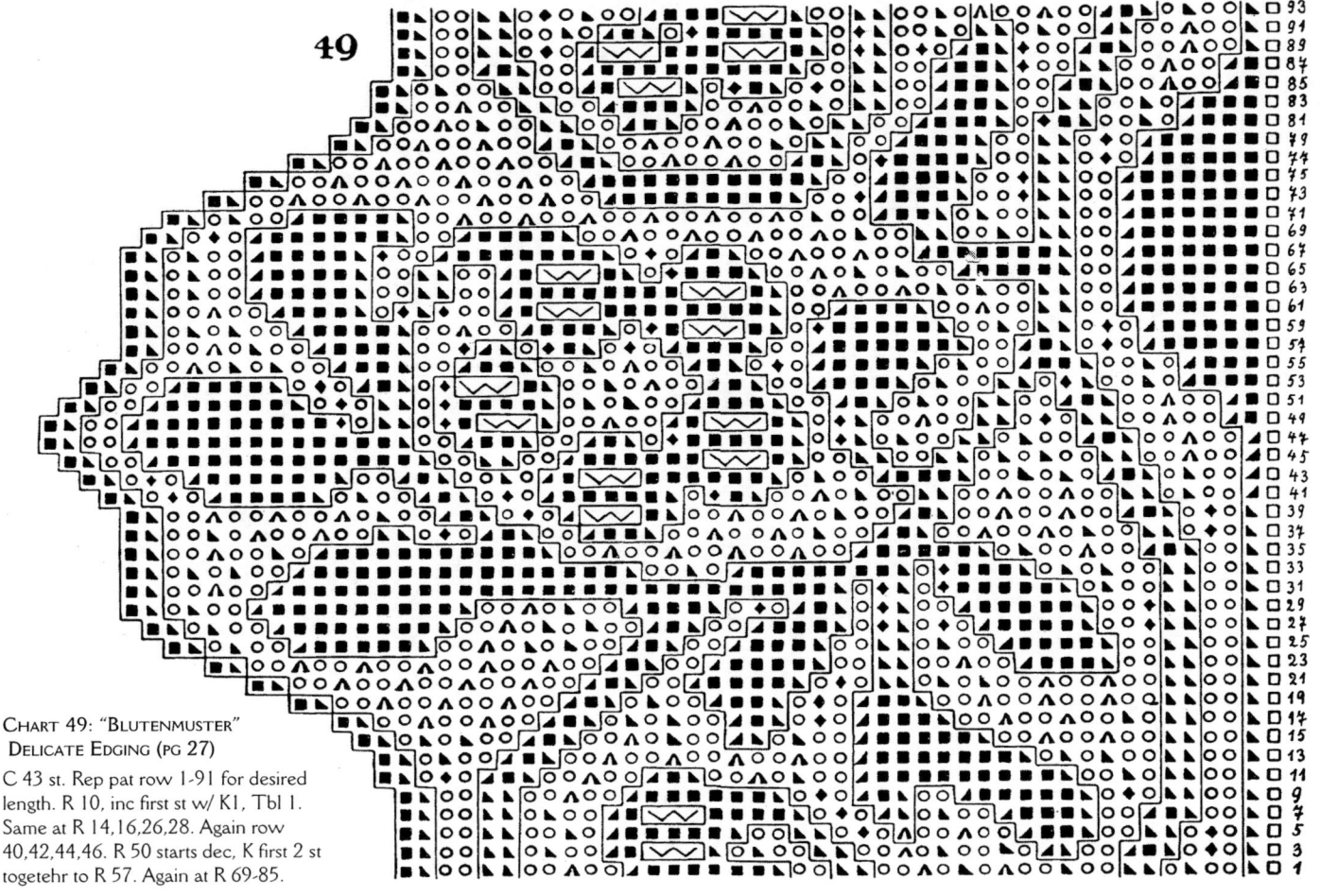

49

CHART 49: "BLUTENMUSTER"
DELICATE EDGING (PG 27)
C 43 st. Rep pat row 1-91 for desired
length. R 10, inc first st w/ K1, Tbl 1.
Same at R 14,16,26,28. Again row
40,42,44,46. R 50 starts dec, K first 2 st
togetehr to R 57. Again at R 69-85.

CHART 51-52: "DANZIG" INSERT AND EDGING (PG 29)
Chart 51 – C 35 st. Even row #s read l to r, odd #s r to l.
Chart 52: C 29 st. Follow pat.

51 **52**

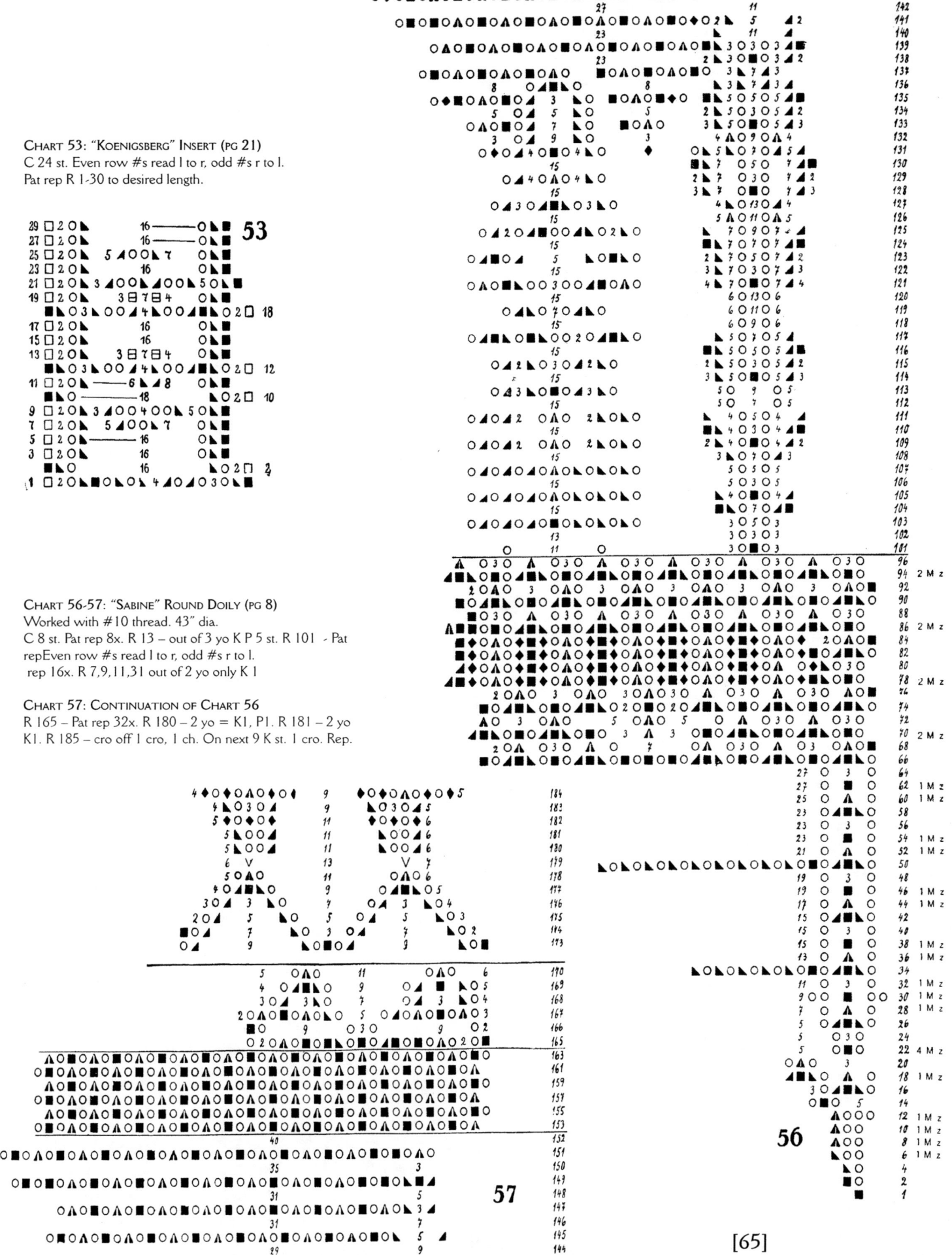

CHART 53: "KOENIGSBERG" INSERT (PG 21)
C 24 st. Even row #s read l to r, odd #s r to l.
Pat rep R 1-30 to desired length.

53

CHART 56-57: "SABINE" ROUND DOILY (PG 8)
Worked with #10 thread. 43" dia.
C 8 st. Pat rep 8x. R 13 – out of 3 yo K P 5 st. R 101 – Pat
repEven row #s read l to r, odd #s r to l.
rep 16x. R 7,9,11,31 out of 2 yo only K 1

CHART 57: CONTINUATION OF CHART 56
R 165 – Pat rep 32x. R 180 – 2 yo = K1, P1. R 181 – 2 yo
K1. R 185 – cro off 1 cro, 1 ch. On next 9 K st. 1 cro. Rep.

57

56

[65]

1. Reizvolle Strickspitze. Modell aus dem Kunstgewerbemuseum, Berlin.

Das Stricken

Von allen weiblichen Handarbeiten ist das Stricken am meisten verbreitet. Jedes Kind lernt es in der Schule, und jede einfache Frau strickt für ihre Familie. Trotzdem die mechanische Strickmaschine versucht, der Handstrickerei in jeder Weise Konkurrenz zu machen, so reicht doch nichts an die Dauerhaftigkeit handgestrickter Stücke heran. Aber nicht nur für die Herstellung praktischer Nutzgegenstände ist es notwendig, zu lernen, mit den Stricknadeln umzugehen, sondern die wenigen verschiedenen Maschenbildungen, die überhaupt beim Stricken zu lernen sind, ermöglichen es, Ziergegenstände herzustellen, die an Duftigkeit und Schönheit die Konkurrenz mit jeder echten Spitze aushalten.

Wir teilen das Stricken in zwei Gruppen: 1. Durchbrochene Strickarbeit (das Spitzenstricken). 2. Das Stricken praktischer Gegenstände (das Wollstricken). Material und Werkzeug für die Strickarbeit sind sehr einfach, und bestehen nur aus Nadel und Faden. Für die durchbrochene Spitze verwendet man, um das Muster klar herzubringen, stark gedrehten Faden, Baumwolle, Leinenzwirn, Metallfäden, für das Stricken praktischer Gegenstände kommt gedrehte Wolle, Baumwolle oder Seide in Betracht, die mög schmiegsam und dehnbar ist.

Es gibt Stricknadeln aus Stahl, Holz oder Bein, für gr runde Decken sind jetzt runde Nadeln im Handel, die sich in Praxis sehr bewährt haben. Die Stärke der Nadel richtet nach dem Arbeitsfaden. Die Nadel soll ungefähr doppelt so wie der Faden sein. Diese Grundregel erleichtert etwas das ? wählen des Arbeitsmaterials, aber es kommt stets auf die Hand ob sie fest oder lose arbeitet.

Der Anfang, auf dem sich jede Strickarbeit aufbaut, ist Maschenanschlag. Die durch den Anschlag entstandenen Schli auf der Nadel sind die Grundlage für die Maschen.

Das Spitzenstricken.

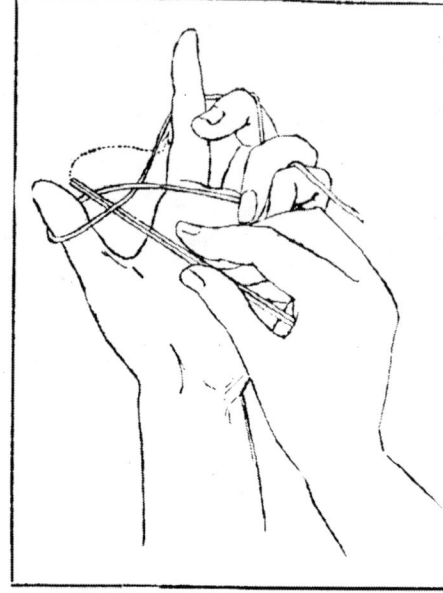

Zum Anschlagen nimmt man 2 Nadeln, damit die Schlingen recht lose werden und leicht abzustricken sind. Mit Abb. 2 ist der Kreuzanschlag gezeigt, der auch in den Schulen gelehrt wird. Außer dem Kreuzanschlag gibt es natürlich noch viele andere Möglichkeiten Maschen auf die Nadel zu bekommen, siehe Abb. 105 und 106 auf Seite 28. Fünfmal so lang, als der Anschlag werden soll, wird das Fadenende für den Kreuzanschlag abgemessen. Abb. 2a zeigt die Fadenlage der ersten Anschlagmasche auf der linken Hand. Die Doppelnadeln schiebt man mit der rechten Hand von unten nach oben durch die Schlinge am Daumen, siehe Abb. 2b, faßt den Faden, der über den Zeigefinger läuft, auf die Nadel, führt diesen durch die Schlinge, siehe Abb. 2c, entfernt den Daumen aus der Schlinge und zieht den Faden an. Dann wird der Faden wieder um den Daumen gelegt und dasselbe fortlaufend wiederholt.

2a. Fadenlage und Fingerhaltung für den Kreuzanschlag.

2b. Das Einführen zweier Nadeln zur Bildung der ersten Masche.

Beim Stricken wird der Faden von außen nach innen zwischen kleinen und Ringfinger der linken Hand, innen über Ring- und Mittelfinger, nach außen über den Zeigefinger geleitet und einmal um diesen geschlungen. Die Arbeit wird mit der linken Hand, und zwar mit Daumen, Mittel- und Ringfinger gehalten.

Bevor die einzelnen Maschen erklärt werden, soll nur noch kurz bemerkt werden, daß die Type für jede erklärte Masche in der Unterschrift angegeben ist. Außerdem ist noch eine genaue Typenerklärung auf S. 4.

Eine Strickarbeit besteht aus Maschen, die unmittelbar miteinander verbunden sind. Durch verschiedene Fadenverschlingungen entstehen die verschiedenartigsten Maschen. Jede Masche wird mit zwei Nadeln gestrickt.

Die Rechtsmasche oder glatte Masche, Abb. 3, entsteht, wenn man mit der Nadel der rechten Hand von vorn nach hinten in die Masche sticht, den Faden, der hinter der linken Nadel liegt, um die rechte Nadel schlingt, diesen Faden durch die Masche holt und die Masche von der linken Nadel gleiten läßt.

Die rechts verschränkte Masche, Abb. 4, entsteht, wenn man mit der rechten Nadel in die Masche hinten einsticht und

2. Der Kreuzanschlag, über 2 Stricknadeln ausgeführt, die das leichtere Abstricken der Maschen ermöglichen.

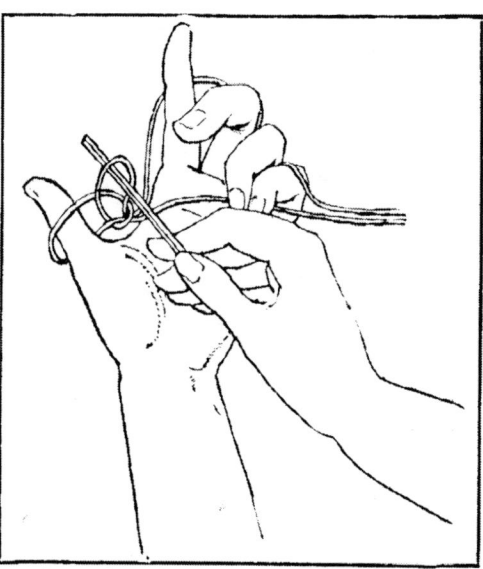

2c. Das Durchholen der Schlinge für die zweite Masche.

dann den Faden wie bei der Rechtsmasche durchholt.

Bei der Linksmasche, verkehrten oder krausen Masche, Abb. 5, legt man den Faden vor die linke Nadel und vor die abzustrickende Masche, sticht von hinten nach vorn mit der rechten Nadel in die Masche, holt den Faden durch und läßt die Masche von der linken Nadel heruntergleiten.

Bei der linksverschränkten Masche, Abb. 6, wird der Faden vor die rechte Nadel gelegt und dann sticht man mit dieser von hinten nach vorn durch den hinteren Draht der Masche und holt den Faden durch wie bei einer linken Masche. — Die Rückseite einer Rechtsmasche ist wie eine Linksmasche, die Rückseite einer Linksmasche wie eine Rechtsmasche. Will man in hin- und hergehenden Reihen arbeiten, eine auf der oberen Arbeitsseite glatte Fläche mit nur Rechtsmaschen erhalten, so muß man eine Nadel rechts, eine Nadel links stricken.

Um beim Wenden der Arbeit einen gleichmäßigen Rand zu erzielen, wird die erste Masche abgehoben, Abb. 7 und 8. Legt man den Faden vor die linke Nadel und hebt die erste Masche, von vorn nach hinten stechend, ab, so erhält man eine Kette, siehe Abb. 7. Legt man den Faden hinter die

 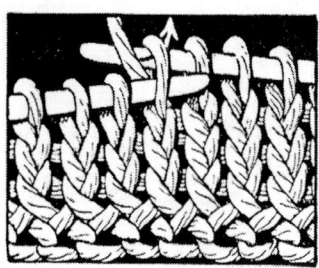  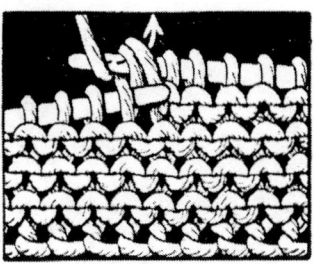

3. Rechtsmasche oder glatt=
gestrickte Masche.

4. Rechts verschränkt
gestrickte Masche.

5. Links= oder kraus=
gestrickte Masche.

6. Links verschränkt
gestrickte Masche.

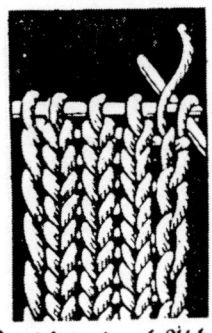

7. Randkette durch Abheben
der 1. Masche gebildet,
wenn der Faden vor die
Nadel gelegt wird.

9. Kleines Loch, gebildet
durch 1 Umschlag. ■◩

linke Nadel, so entsteht der soge=
nannte Perlrand, Abb. 8, der nur
bei einigen Strickspitzen verwendet
wird, da er nicht so dehnbar ist wie der
Kettenrand; hierfür ist die letzte Masche
der Nadel stets rechts zu stricken.

Umschläge, Abb. 9, kommen am
meisten beim Musterstricken vor. Bei
einer Rechtsreihe schlägt man den
Faden von vorn nach hinten um die
rechte Nadel, bei einer Linksreihe von
hinten nach vorn. In der nächsten
Reihe wird der Umschlag rechts oder
links abgestrickt. Zum Herstellen von
größeren Löchern bildet man zwei oder
mehrere Umschläge, siehe Abb. 10, von
denen entweder der erste r., der zweite
l. od. beide verschränkt abzustricken sind.
Soll die M.=Zahl dabei nicht vermehrt
werden, so wird in der gleichen Reihe,
in der zugenommen wurde, wieder ab=
genommen, wie die Abb. 9 u. 10 zeigen.
Maschen können auf zwei verschiedene
Arten möglichst unauffällig zuge=
nommen werden. Abb. 11 zeigt,
wie die linke Nadel den Verbindungs=
faden der zwischen zwei Maschen
liegt, aufhebt, und dann die rechte
Nadel ihn rechts verschränkt abstrickt.

In der Strickarbeit noch weniger
auffallend ist die Art, wie sie in
Abb. 12 gezeigt wird. Die rechte
Nadel strickt eine Masche rechts ab,
läßt sie aber noch auf der linken
Nadel liegen und strickt aus dem
hinteren Maschendraht noch eine ver=
schränkte Masche.

Auch das Abnehmen von einer
Masche geschieht auf zweierlei ver=
schiedene Arten, die sehr viel bei
Strickspitzen verwendet werden, und
zwar die erste Art vor, die zweite
Art hinter einem Umschlag, so daß
sich die abgenommenen Maschen dann
zueinander neigen.

Bei der ersten Art, Abb. 13,
werden einfach zwei Maschen rechts,
zusammengestrickt. Die zweite Art,
Abb. 14, zeigt das überzogene Ab=
nehmen. Es wird eine M. von der
rechten Nadel abgehoben, ohne sie zu
stricken, die nächste M. abgestrickt, dann
die abgehobene Masche mit der linken
Nadel von vorn nach hinten durch=
stochen und über die abgestrickte
Masche herübergezogen.

Ebenso werden drei Maschen
zusammengestrickt, siehe Abb. 15.

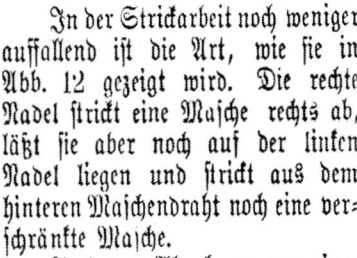

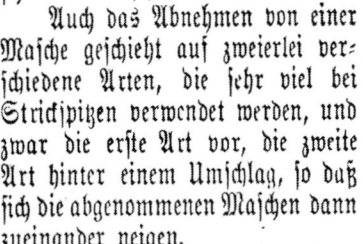

8. Perlrand, durch Abheben
der 1 Masche gebildet, wenn
der Faden hinter die
Nadel gelegt wird.

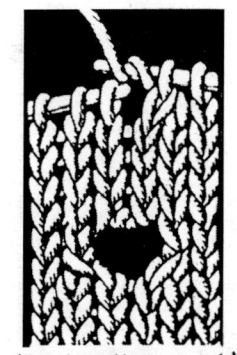

10. Großes Loch, gebildet
durch 2 Umschläge. ◩■■◩

11. Unsichtbares Aufnehmen
einer Masche: Abstricken
des Verbindungsfadens.

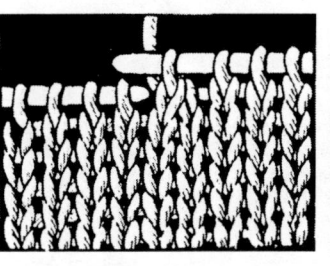

12. Unsichtbares Aufnehmen
einer Masche, durch Stricken
zweier Maschen aus einer.

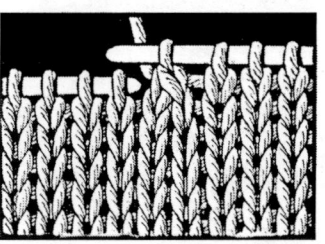

13. Abnehmen einer Masche
durch zwei Maschen rechts
zusammenstricken. ◩

14. Abnehmen einer Masche
durch Abheben, Abstricken
und Überziehen. ◩

1*

15. Abnehmen von zwei Maschen durch Zusammenstricken von drei Maschen gebildet.

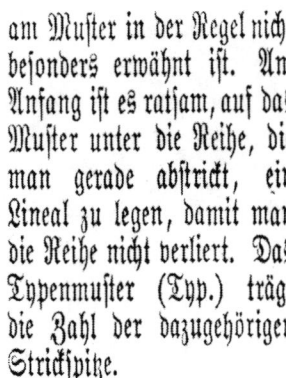

16. Abketten, gebildet durch fortlaufendes Abstricken und Überziehen.

Wichtig für das gute Aussehen einer Strickarbeit ist das Abketten, Abb. 16, da es sehr gleichmäßig, nicht zu lose und nicht zu fest, genau in der Dehnbarkeit der Strickarbeit, sein muß. Es geschieht durch fortlaufendes Abstricken und Überziehen.

Alle die Spitzenstrickereien arbeitet man in neuerer Zeit nach Typenmustern, die von unten nach oben abzulesen sind. Man mache sich zur Regel: Eine Reihe wird stets von der Seite abgestrickt, auf der die Reihenzahl angegeben ist. Sind keine Reihenzahlen angegeben, so liest man von rechts nach links. Die Zwischenreihen werden, wenn sich auf dem Typenmuster keine besondere Angabe befindet, glatt rechts oder links abgestrickt, sie sind dann an dem Muster nicht angegeben. Die erste Masche bei jeder Spitze ist abzuheben, was

am Muster in der Regel nicht besonders erwähnt ist. Am Anfang ist es ratsam, auf das Muster unter die Reihe, die man gerade abstrickt, ein Lineal zu legen, damit man die Reihe nicht verliert. Das Typenmuster (Typ.) trägt die Zahl der dazugehörigen Strickspitze.

Abb. 17 bis 22. Sechs schmale Einsätze. Die verschiedenartige Wirkung der Umschläge zeigen diese sechs Muster, bei denen uu durch eine oder mehrere Zwischenreihen andere Fadenverschlingungen entstehen. Bei dem Hexenstichmuster, Abb. 17, ist jede Reihe eine Musterreihe, deren Umschläge versetzt übereinander liegen. Das Typenmuster ist stets von rechts nach links gehend zu lesen und mit 8 M Anschlag zu beginnen. Eine glatt Stegreihe, Abb. 18, ohne Fadenver

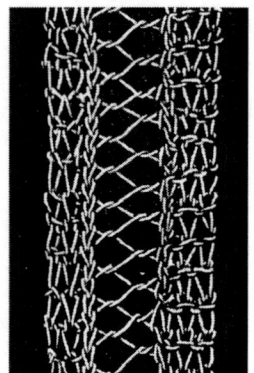

17. Hexenstichmuster, 8 Maschen Anschlag.

18. Glatte Stegreihe, 8 Maschen Anschlag.

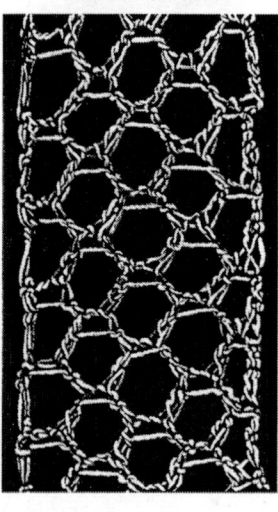

19. Häkelgrund (großer Lochgrund): hierzu Typ. 19 auf dem Bogen.

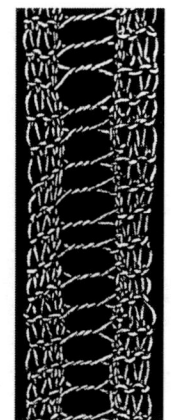

20. Einsatz mit gedrehten Stegen. 6 Maschen Anschlag.

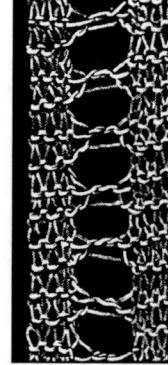

21. Einsatz mit einer Lochreihe. 6 Maschen Anschlag.

22. Einsatz mit großen Löchern, hierzu Typ. 22 auf dem Bogen.

Abkürzungen für die Strickarbeit.

M. = Masche.
r. = rechts.
l. = links.
U. = Umschlag.
w. = wiederholen.

4

Typenerklärung.

■ = Umschlag.
□ = Rechtsmasche.
▨ = Linksmasche.
Ⓝ = 2 M. rechts zusammenstricken.
▨ = 1 Masche abheben, die nächste rechts stricken, die abgehobene über die gestrickte ziehen.

▨ = 1 Masche abheben, die beiden nächsten rechts zusammenstricken, die abgehobene über die zusammengestrikten ziehen.
▨ = 1 Masche abheben.
▨ = abketten.

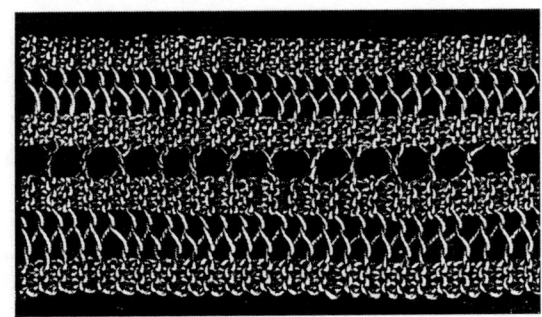

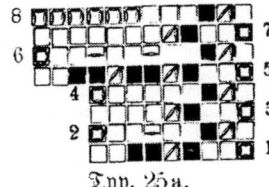

Typ. 25a.
7 Maschen Anschlag.

23. Schmaler Einlocheinsatz mit doppeltem Hexen=
stichgrund; hierzu Typ. 23 auf dem Bogen.

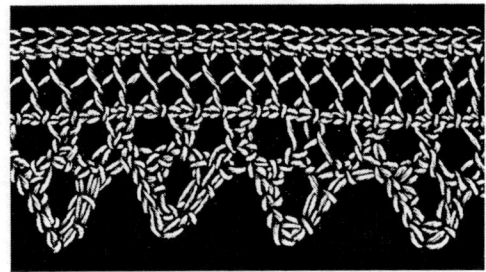

25. Dreilochspitze mit Hexenstichrand;
hierzu Typ. 25a nebenstehend.

CHART 23,27,28, PG [97]

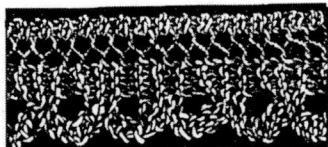

24. Schmale Einlochspitze
mit Hexenstichrand; hierzu
Typ. 24a.

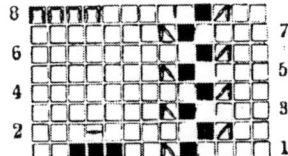

Typ. 24a.

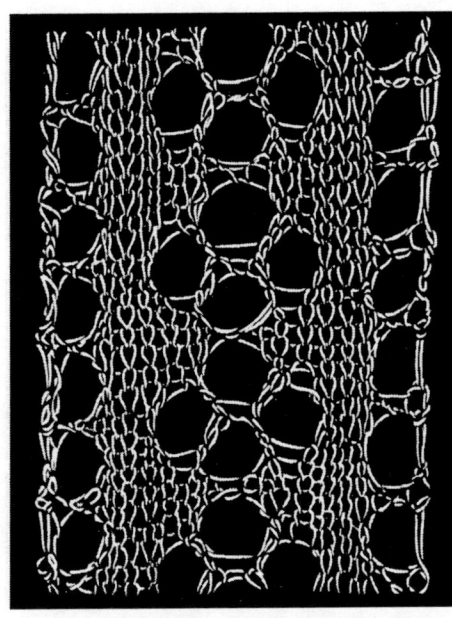

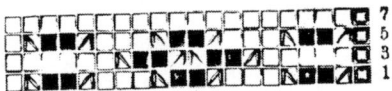

Typ. 26a. 20 Maschen Anschlag.
Nach jeder Musterreihe folgt eine Zwischen=
reihe von Linksmaschen.

26. Vierlocheinsatz mit einfachem
Lochrand; hierzu Typ. 26a nebenstehend.

27. Sechslocheinsatz mit beiderseitigem
Lochrand; hierzu Typ. 27 auf dem Bogen.

CHART 24,25,25A,26,26A, PG [96]

schlingung erzielt man durch Ab=
nehmen vor und nach den beiden
Umschlägen bei jeder Reihe. Der
Typensatz ist von rechts nach links
gehend zu lesen und fortlaufend
auf jeder Nadel zu arbeiten.

Abb. 19 zeigt den sogenann=
ten Häkelgrund, der ähnlich wie
ein Stäbchen=Gitter=Muster wirkt.
Die Anschlagmaschenzahl richtet
sich nach der Breite, die die Arbeit
haben soll. Für unsern Einsatz
werden 14 Maschen angeschlagen.
Es sind Zwischenreihen zu stricken,
aus dem Doppelumschlag arbeitet
man 1 M. rechts, 1 M. links, alle
übrigen M. rechts. Für die ge=

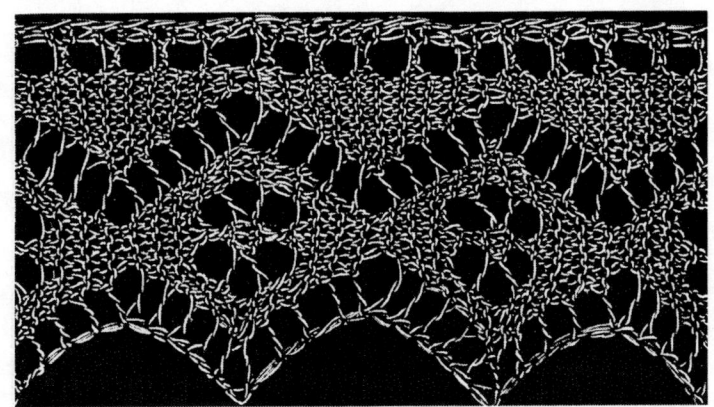

28. Sechslochspitze mit durchbrochenem Zackenrand, passend
zum Einsatz 27; hierzu Typ. 28 auf dem Bogen.

drehten Stege bei Abb. 20 strickt
man eine Musterreihe, siehe das
Typenmuster in der Unterschrift,
und dazwischen eine Reihe rechts.
Strickt man drei Reihen r. nach
der Musterreihe, so erhält man
die sogenannte Lochreihe, Abb. 21,
die sehr oft als Rand von breiten
Einsätzen verwendet wird. Aus
dem Doppelumschlag ist 1 M.
rechts, 1 M. links zu stricken.

Für den Einsatz mit den großen
Löchern, Abb. 22, braucht man
einen Anschlag von 16 M. Man be=
achte, daß aus den nebeneinander=
liegenden Umschlägen 7 verschränkte
Maschen herauszustricken sind.

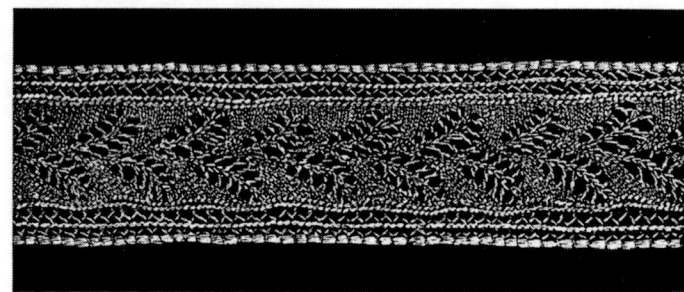

30. Blättchenspitze mit durchbrochenen Blättern, in kurzen Querreihen zu stricken; hierzu Typ. 30 auf dem Bogen.

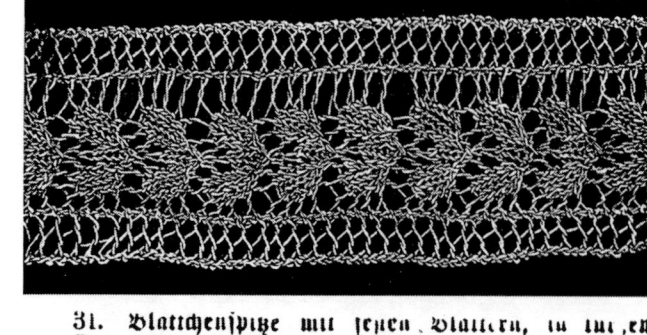

31. Blättchenspitze mit festen Blättern, in kurzen Querreihen, hin= und zurückgehend zu stricken; hierzu Typ. 31 a, siehe unten..

Außerdem wird das Muster abwechselnd von rechts nach links und von links nach rechts, stets von der Reihenzahl ausgehend, abgelesen.

Abb. 23. Schmaler Einlocheinsatz m. doppeltem Hexenstichrand. Hierzu Typ. 23. Breite: 3 cm. Dieser Einsatz, der mit feinem Häkelgarn Nr. 100 ausgeführt wird, eignet sich als Zwischensatz für Leibwäsche. Er ist aus Abb. 17 u. 21 zusammen gesetzt und beginnt mit 16 M.

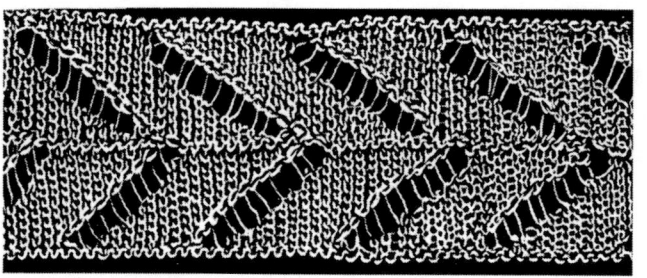

29. Einfache Blättchenspitze in Längsreihen zu stricken; hierzu Typ. 29 auf dem Bogen.

Anschlag. Jede Reihe wird von der Reihenzahl ausgehend gelesen. Nach der vierten Reihe beginnt man wieder mit der ersten Reihe.

Abb. 24. Schmale Einlochspitze mit Hexenstichrand. Hierzu Typ. 24a. Anschlag: 10 M. Jede Reihe ist von der Reihenzahl ausgehend zu lesen. Man strickt ohne Zwischenreihen. In der 8. Reihe werden 4 M. abgekettet. Nach der 8. Reihe beginnt man wieder mit der 1. Reihe.

Abb. 25. Dreilochspitze mit Hexenstichrand. Typ. 25a. Um diese Spitze gut herauszustricken, ist es nötig, die erste M. der 1., 3., 5. und 7. Reihe mit Kettenrand, Abb. 7, und die erste der 2., 4., 6. und 8. Reihe am Spitzenrand mit Perlrand abzuheben, Abb. 8. In Reihe 8 werden 6 M. abgekettet.

Abb. 26. Vierlocheinsatz mit einfachem Lochrand. Hierzu Typ. 26a. Breite 4,5 cm. Damit der Grund der Spitze glatt rechts wirken kann, werden die Zwischenreihen links gestrickt. Nur bei dem Doppelumschlag wird ein Umschlag rechts und ein Umschlag links gearbeitet. 20 M. bilden den Anschlag.

Abb. 27. Sechslocheinsatz mit beiderseitig. Lochrand. Typ. 27. Dieser hübsche Einsatz wird, wenn er mit Glanzhäkelgarn Nr. 40 gestrickt wird, 5 cm breit. 29 M. ergeben den Anschlag. Nach jeder Musterreihe folgt eine Zwischenreihe. Die Zwischenreihen werden bis auf den ersten Umschlag des Doppelumschlags rechts gestrickt.

Abb. 28. Sechslochspitze mit durchbrochenem Zackenrand. Typ. 28. Die Spitze paßt im Muster zum Einsatz Abb. 27 und hat dadurch, daß die Zwischenreihen rechts gestrickt werden, auf den nicht durchbrochenen Flächen feine Rippen, die das Muster angenehm beleben. Die Randlinie begleitet ein verschlungener Durchbruch. Den Anschlag bilden 19 M., am Anfang der 2. bis

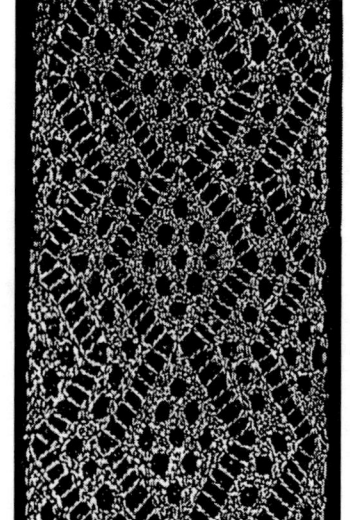

32. Breiter Einsatz, paſſ. Spitze siehe Abb 33; hierzu Typ. 32 auf dem Bogen.

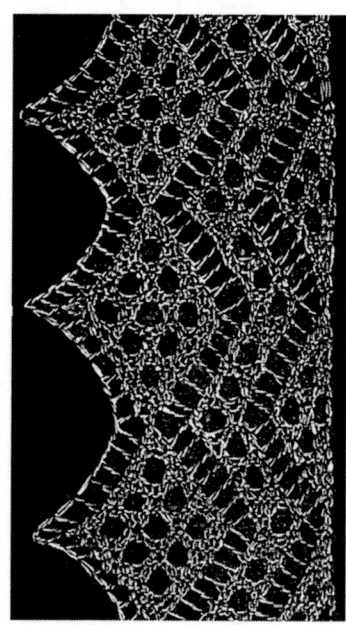

33. Breite Spitze, paſſ. Einsatz siehe Abb. 33; hierzu Typ. 32 auf dem Bogen.

31a. Typ. zu Abb. 31. 17 M. Anschlag. Jede Reihe von der Reihenzahl ausgehend lesen. Ohne Zwischenreihen arbeiten.

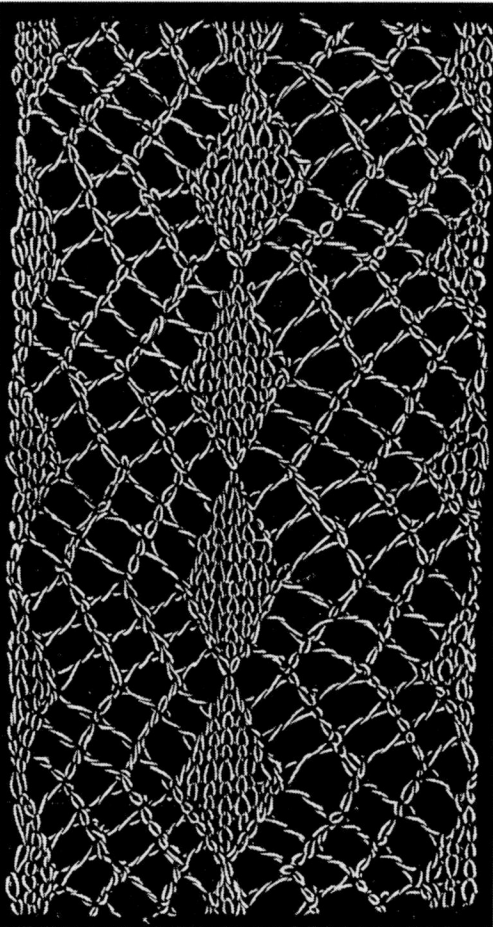

36a. Typ. zu Abb. 36. 13 M. Anschlag.

10. Zwischenreihe bildet man einen Um=
schlag, während man am Anfang der
12. bzw. 20. Reihe 2 M. zusammenstrickt.

Abb. 29—31. Drei verschiedene
Blättchenspitzen. Hierzu Typ. 29—31.
Während der Einsatz Abb. 29 nur die
Blätter durch Adern andeutet, haben Abb.
30 und 31 ausgesprochene Blättchen=
motive. Letztere sind in Querreihen zu
stricken.

Abb. 29. Die einfache Blätterspitze
ist in hin= und hergehenden Längsreihen zu
arbeiten. Der Maschenanschlag muß durch
12 teilbar sein. Jede Reihe wird von
der Reihenzahl ausgehend abgelesen. Der
Typensatz zwischen den Gedankenstrichen
wird beliebig oft wiederholt, während
die Typen vor und nach den Gedanken=
strichen den Anfang bzw. den Schluß
der Nadel bezeichnen.

Abb. 30, 7 cm breit, hat durchbroch.
Blätter, für die man einen Doppelum=
schlag bildet, aus dem man in der dar=
auffolgenden Reihe nur eine Links=
masche herausstrickt. Bei dem Einsatz Abb.
31, 5 cm breit, bei dem die Blättchen
fest und der Grund durchbrochen ist, ist es
notwendig, die abzunehmen. M. an beid.
Seiten der Blattadern und zwischen den

34. Einsatz mit durchbrochenem Viereck und
glattem Rand; hierzu Typ. 34 auf dem Bogen.

CHART 34, PG [97]

beiden Blättern recht regelmäßig zu stricken,
damit das Muster recht klar herauskommt.
Zu beiden Seiten der Blätter läuft der be=
kannte Lochrand Abb. 17.

Abb. 32 u. 33 zeigt Einsatz mit passen=
der Spitze. Breite des Einsatzes: 7 cm,
der Spitze: 6,5 cm. Die mittleren Vierecke
sind durchbrochen und werden durch Zacken=
linien begleitet, welche ebenfalls durchbrochen
sind. Man beginnt für den Einsatz mit
einem Anschlag von 40 M. und strickt ab=
wechselnd eine Muster= und eine Zwischen=
reihe. Die Zwischenreihen sind rechts zu
stricken. — Für die Spitze beginnt man
mit 24 M. Anschlag. Bei der 2. bis 12.
Zwischenreihe ist zuerst je ein U. zu bilden.

Abb. 34. Einsatz mit durchbroch.
Viereck und glattem Rand. Dieser 7 cm
breite Einsatz eignet sich vorzüglich für Bett=

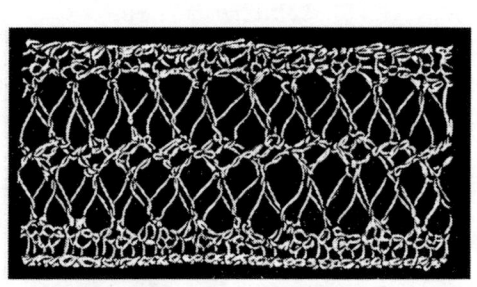

36. Durchbrochener Einsatz, Anwendung siehe
auch Abb. 68; hierzu Typ. 36 siehe oben.

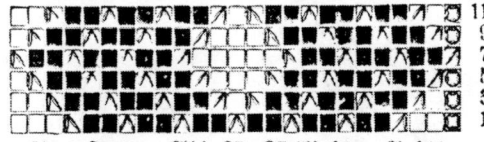

35a. Typ. zu Abb. 35. 25 Maschen Anschlag.
Zwischenreihe links; 2. Umschlag rechts.

wäsche, da der Rand aus glatten Dreiecken
besteht, die sich gut mit dem Stoff verbinden,
und in der Wäsche sehr praktisch sind. Die
Zwischenreihen sind rechts zu stricken.

Abb. 35. Einsatz m. glattem Viereck
und Zickzacklinien. Breite: 5 cm. Bei
diesem sehr duftigen Einsatz, der mit seinem
Spitzenzwirn gestrickt für Blusen und Klei=
der verwendet werden kann, werden die
Zwischenreihen links gestrickt und aus dem
Doppelumschlag 1 links 1 rechts.

Abb. 36. Durchbrochener Einsatz.
Breite: 2,5 cm. Der reizende Einsatz, der auch
an der Spitze, Abb. 68a, verwendet ist, wird
in 4 Reihen ohne Zwischenreihen gearbeitet.
Jede Reihe ist von der Reihenzahl ausgehend
zu stricken. Abb. 68 zeigt, wie dieser Einsatz
auch zur Herstellung duftiger Decken ver=
wendet werden kann.

35 Einsatz mit glattem Viereck und
Zickzacklinien; hierzu Typ. 35a, siehe unten.

CHART 35, 35a, PG [96]

7

Abb. 37–39. Drei Taschentuch=spitzen mit eingehaltenen Ecken. Die Taschentücher sind mit einem ½ cm breiten Hohl=saumrand versehen. Bei den Taschentüchern, Abb. 37 bis 39 wird der Innen=rand der Spitze mit Stäbchen umhäkelt, indem man in jede zweite Randmasche 1 Stäb=chen, 1 Luft=masche arbeitet.

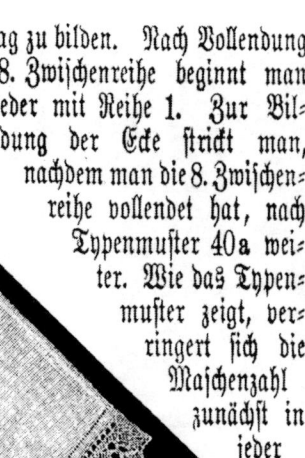

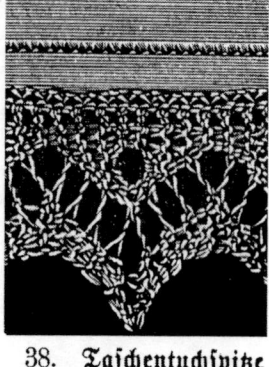

37. Taschentuchspitze mit Bierlochrand; hierzu Typ. 37 auf dem Bogen.

Man umfaßt immer das vordere Glied der Masche. Die Stäbchen werden an den Rand der Taschentücher überwendlich angenäht, und die Spitze an den Ecken etwas eingehalten. Für Abb. 37 u. 38 arbeit. man immer abwechj. 1 Muster=reihe u. 1 Zwischenreihe. Die Spitze Abb. 39 ist ohne Zwischenreihen zu stricken. Jede Reihe ist von r. nach l. gehend abzulesen.

Abb. 40 u. 41. Zwei Taschentuchspitzen mit abgepaßten Ecken. Für die mit Abb. 40 gegebene Strickspitze be=ginnt man mit einem Anschlag von 13 Maschen, strickt dann hingehend die Musterreihen nach dem Typenmuster, 40 und zurückgehend die Zwi=schenreihen links. Am Anfang der 2. und 8. Zwischenreihe ist je ein

Umschlag zu bilden. Nach Vollendung der 8. Zwischenreihe beginnt man wieder mit Reihe 1. Zur Bil=dung der Ecke strickt man, nachdem man die 8. Zwischen=reihe vollendet hat, nach Typenmuster 40a wei=ter. Wie das Typen=muster zeigt, ver=ringert sich die Maschenzahl zunächst in jeder Muster=reihe um 1M., was durch das

38. Taschentuchspitze mit Zackenrand; hierzu Typ. 38 auf dem Bogen.

Nichtabstricken der letzten, dann der 2. letzten, hierauf der 3. letzten Masche uff. in der Zwischenreihe geschieht. Es bleibt also in jeder Zwi=schenreihe eine Masche mehr auf der Linksnadel. Nicht geübte Strickerinnen fassen die stehenzu=bleibenden Maschen am besten auf eine Sicherheitsnadel. Das Stehenlassen der Maschen wird bis zur 18. Zwischen=reihe fortgesetzt. Von der 20. Zwischenreihe an wird von den stehengebliebenen Maschen immer eine Masche mehr gestrickt, so daß sich die Maschenzahl in jeder Reihe um eine Masche vermehrt, bis alle Ma=schen aufgestrickt sind, Reihe 39. Dann beginnt man wieder bei Typen=muster 40 Reihe 1.

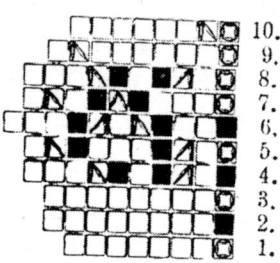

39. Taschentuchspitze mit gestrickten Spinnen; hierzu Typ. 59a, siehe unten.

10.
9.
8.
7.
6.
5.
4.
3.
2.
1.

Typ. 39a. 8 Maschen An=schlag. Ohne Zwischenreihen.

CHART 37,38,40,41, PG [97]
CHART 40,40A, PG [96]

40. Taschentuchspitze m. Blättchen u. abgepaßt. Ecke; hierzu Typ. 40 u. 40a auf dem Bogen.

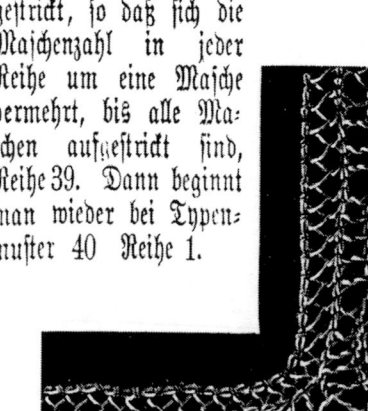

41. Taschentuchspitze mit gezacktem Rand und abgepaßter Ecke; hierzu Typ. 41 u. 41a auf dem Bogen.

8

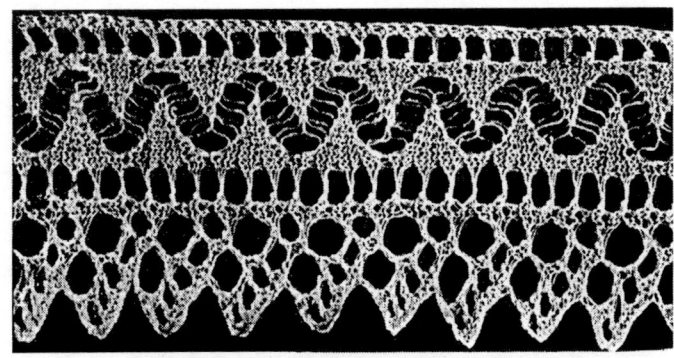

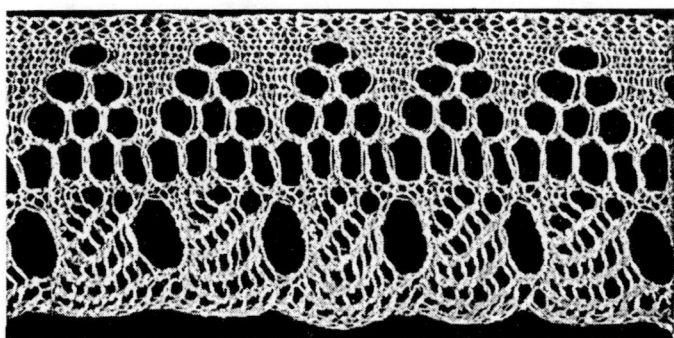

42. Breite Spitze in feiner Strickarbeit und betonten Konturen; hierzu Typ. 42 auf dem Bogen. Modell M. Kugelmann, Kassel.

43. Breite Spitze mit Lochgrund und Randzacken; hierzu Typ. 43 auf dem Bogen. Modell M. Kugelmann, Kassel.

Die Ausführung der Strickspitze Abb. 41 zeigt Typenmuster 41, die Ecke Typenmuster 41a. Man beginnt mit einem Maschenanschlag von 12 Maschen und liest jede Reihe von der Reihenzahl ausgehend. Zur Bildung der Ecke richtet man sich nach Typenmuster 41a und der oben gegebenen Erklärung, nach der man für jede Strickspitze Ecken arbeiten kann. Ratsam ist es jedoch, sich zunächst mit Hilfe eines Spiegels die richtige Stelle für die Ecke auszuprobieren.

Abb. 42-44. Drei reich durchbrochene Strickspitzen mit verschiedenen Randzacken. Diese drei besonders reizvollen Spitzen sind in feinstem Spitzenzwirn gearbeitet. Bei der Spitze 42, Breite 5 cm, kettet man in der 8. und 16. Reihe die ersten 8 Maschen ab, ebenso bei Spitze 44 in der 12. und 24. Reihe. Das Typenmuster für die Spitze 42 wird nur in Musterreihen gestrickt und man liest jede Reihe von der Reihenzahl ausgehend. Für Spitze 44, Breite 4,5 cm, arbeitet man abwechselnd eine Muster- und eine Zwischenreihe. Die Zwischenreihe wird bis auf den Doppelumschlag, aus dem 1 Masche links, 1 Masche rechts gestrickt wird, rechts gearbeitet. Spitze 43, Breite 6 cm, ist bis zur 11. Reihe nach dem auf dem Musterbogen angegebenen Typenmuster zu stricken. Die Zwischenmuster

CHART 42, 43, 44, 45, PG [99]

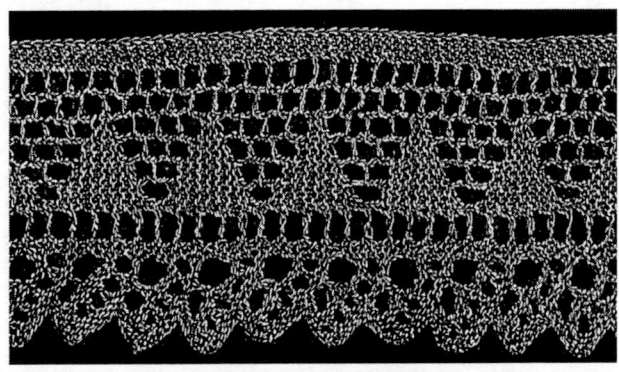

44. Breite Spitze mit Lochgrund und Randzacken; hierzu Typ. 44 auf dem Bogen. Modell M. Kugelmann, Kassel.

Spitzen mit Muschen.

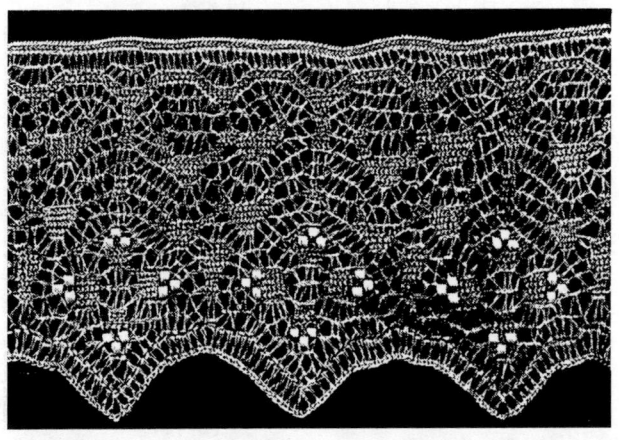

45. Breite Spitze mit Muschen: hierzu Typ. 45 auf dem Bogen. Aus dem Atelier für Kunststricken: Margarete Erler, Berlin.

reihen sind rechts zu arbeiten bis auf den Doppelumschlag, bei dem der 1. Umschlag rechts, der 2. Umschlag links zu stricken ist. In der 11. Reihe sind 11 Maschen mit Hilfe einer Häkelnadel abzunehmen. Hierfür führt man eine feine Häkelnadel durch die 11 auf der linken Nadel liegenden Maschen von rechts nach links ein und zieht den Arbeitsfaden durch alle 11 Maschen, ohne jedoch die Maschen zusammenzuziehen. Die Schlinge von der Häkelnadel legt man auf die rechte Nadel. Nun läßt man die so durchzogenen 11 M. von der linken Nadel gleiten und strickt nach dem Typenmuster die nächsten 3 M. rechts ab. In der folgenden Zwischenreihe, die nicht auf dem Typenmuster angegeben ist, werden aus dem losen Querfaden, der über den 11 abgenommenen M. liegt, 5 M. herausgestrickt, und zwar abwechselnd 1 M. r., 1 M. l. Hierauf beginnt man wieder mit der 1. Musterreihe.

Abb. 45. Breite gestrickte Spitze mit Muschen. Breite 7 cm. Man arbeitet nach dem zugrunde liegenden Typenmuster in hin- und hergehenden Reihen. Das Typenmuster gibt nur die Musterreihen an, die man von r. nach l. gehend abliest. Die Zwischenreihen werden rechts gestrickt, bis auf den Doppelumschlag, aus dem man 1 M. l., 1 M. r. arbeitet. Am Anfang der 2.—16., dann 24. und 26. Zwischenreihe strickt man 2 Maschen

9

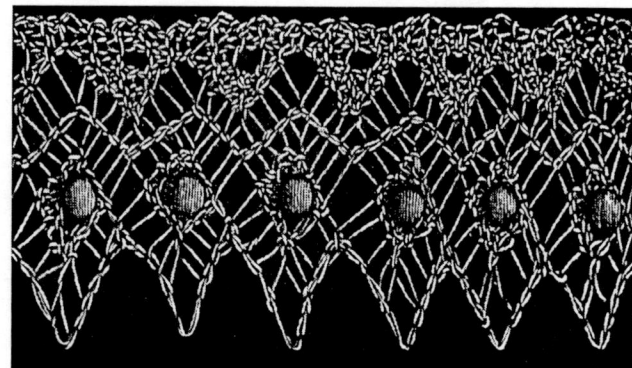

46. Zackenspitze mit Wickelmuschen; hierzu Typ. 46 auf dem Bogen.

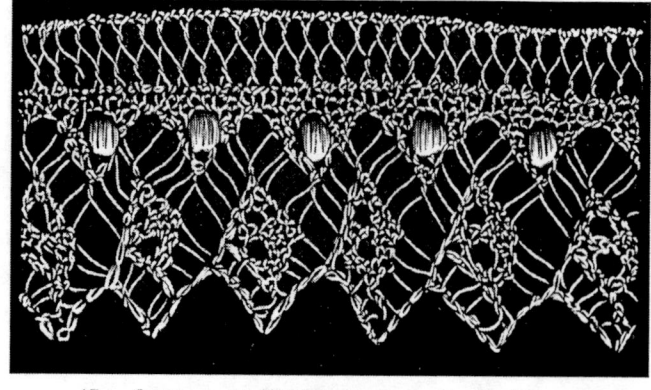

47. Spitze mit Wickelmuschen; hierzu Typ. 47 auf dem Bogen.

CHART 46-51, PG [105]
CHART 52, PG [99]

rechts zusammen, am Anfang der 32. und 34., dann 42.—56. Zwischenreihe bildet man erst einen Umschlag. Bei den übrigen Zwischenreihen hebt man die erste Masche ab. Nach Vollendung der 55. Musterreihe beginnt man wieder mit der 1. Musterreihe.

49. Noppe aus einer Masche durch Schlingenbildung gearbeitet.

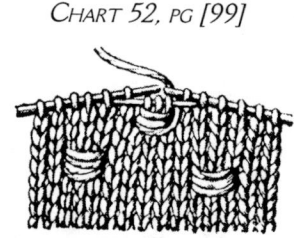

48. Wickelmusche über drei Maschen mit einer Hilfsnadel gearbeitet.

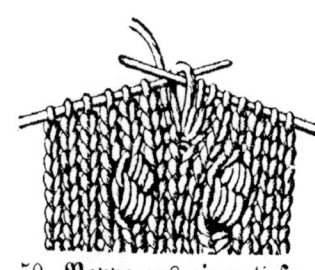

50. Noppe aus einer tiefer liegenden Masche durch Schlingenbild. gearbeitet.

Abb. 48—50. Muschen und Noppen. Muschen oder Wickelmuschen sind eingestrickte Punkte, die früher mit Vorliebe nachträglich aufgestickt wurden. Zum Stricken 1 Wickelmusche bedient man sich einer kurzen Hilfsnadel — Stecknadel —, auf die die am

Abb. 46. Zackenspitze mit Wickelmuschen. Breite 3,5 cm. Diese zarte Spitze strickt man mit feinem Nähgarn Nr. 60 oder Spitzenzwirn 200 auf 15 M. Anschlag. Bevor man diese Spitze arbeitet, muß man üben, Wickelmuschen zu stricken. Bei den oben angegebenen feinen Fäden muß der Faden 35 mal um die Hilfsnadel gewickelt werden.

Abb. 47. Spitze mit Wickelmuschen. Breite 3,7 cm. Man beginnt diese feine Spitze mit 16 M Anschlag und strickt in hin= und hergehenden Reihen. Die 3 Maschen zusammen müssen sehr sorgfältig gestrickt werden, damit die Vierecke recht klar herauskommen.

Typenmuster angegebene Zahl Maschen, meistens drei, rechts abgestrickt werden. Diese umwickelt man ziemlich fest mit dem Arbeitsfaden 10—40 mal je nach Fadenstärke von vorn nach hinten, hebt nun die umwickelten Maschen auf die rechte Nadel und strickt sie in der nächsten Reihe gewöhnlich ab (siehe Arbeitsprobe 48). Die Muschen liegen stets quer über den Maschen. Für die Noppe Abb. 49 strickt man eine Masche rechts ab, läßt die Masche auf der linken Nadel liegen, hebt die eben mit der rechten Nadel durchgeholte Schlinge auf die linke Nadel und strickt sie als Masche ab.

51. Spitze mit Muschen in Längsreihen zu stricken; hierzu Typ. 51 auf dem Bogen.

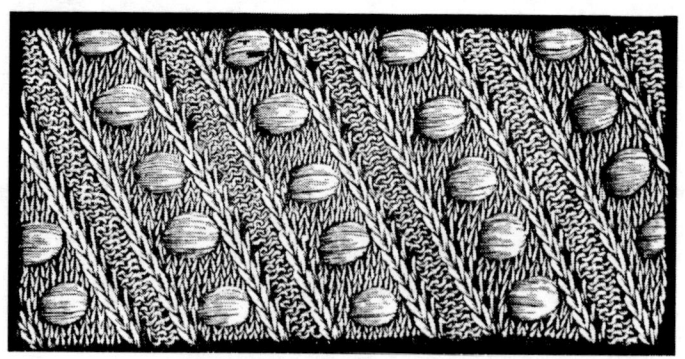

52. Spitze mit Muschen in Längsreihen zu stricken; hierzu Typ. 52 auf dem Bogen.

10

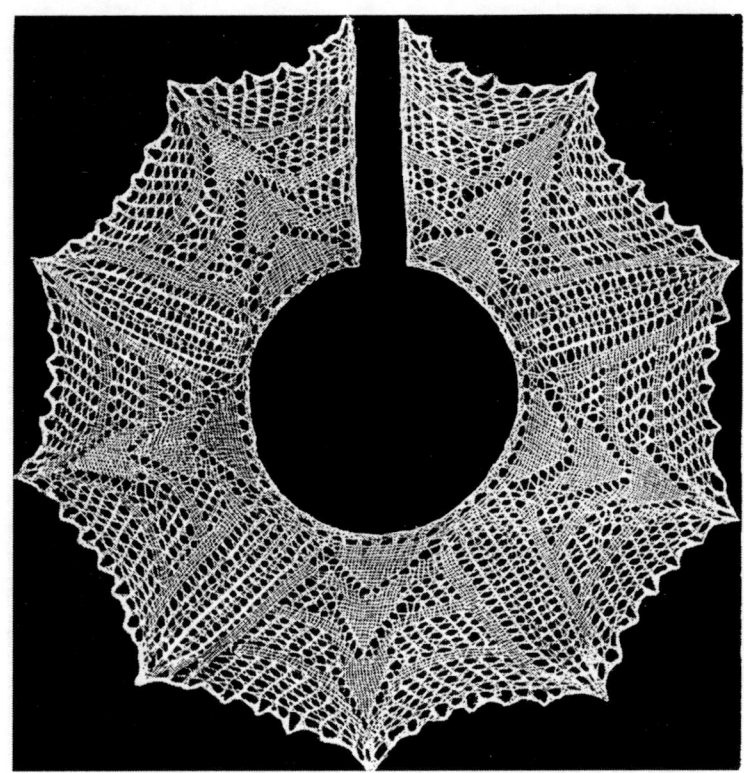

53. Runder Kragen von innen ausgehend gestrickt;
hierzu Typ. 53 auf dem Bogen.
Entwurf und Ausführung: Frida Heymann, Steglitz.

CHART 53, PG [109]
CHART 54, PG [99]

Dies wiederholt man, je nachdem wie stark die Noppe hervortreten soll, ungefähr 5mal, dann hebt man sämtliche Schlingen auf die Linksnadel und strickt sie mit der 1. Masche zusammen rechts ab. Abb. 50 zeigt eine Noppe, für die man 3 Reihen tiefer genau in die darunterliegende Masche einsticht, den Faden durchholt, die Schlinge auf die linke Nadel legt und abstrickt; dies wird 4—5mal wiederholt. In der nächsten Reihe werden alle Schlingen mit der vorhergehenden Masche zusammen abgestrickt.

Abb. 51 u. 52. Zwei Spitzen in Längsreihen aus-zuführen. Für diese beiden Spitzen muß man so viel Maschen aufschlagen, als die Spitzen lang werden sollen. Sie eignen sich gut als Jumperabschluß. Abb. 51 hat als Abschluß jedes festen Dreieckes eine Wickelmusche, während Abb. 52 zwischen den schrägen Streifen in regelmäßigen Abständen mit Muschen belebt wird. An dem Typenmuster für Spitze 51 sind nur die hingehenden Musterreihen angegeben, in den zurückgehenden Zwischenreihen trifft rechts auf rechts und links auf links, die Umschläge sind links zu stricken, mit Ausnahme der in der Musterreihe gearbeiteten Linksmasche, die man nun rechts strickt. Um an der Strickarbeit beiderseitig einen geraden Rand zu haben, ist an unserem Typenmuster Anfang und Schluß der Musternadel für sich gegeben. Musternadel 1 u. 3 haben keinen besonderen Anfang und Musternadel 17 und 19 keinen besonderen Schluß. Im übrigen strickt man nach Typensatz I den

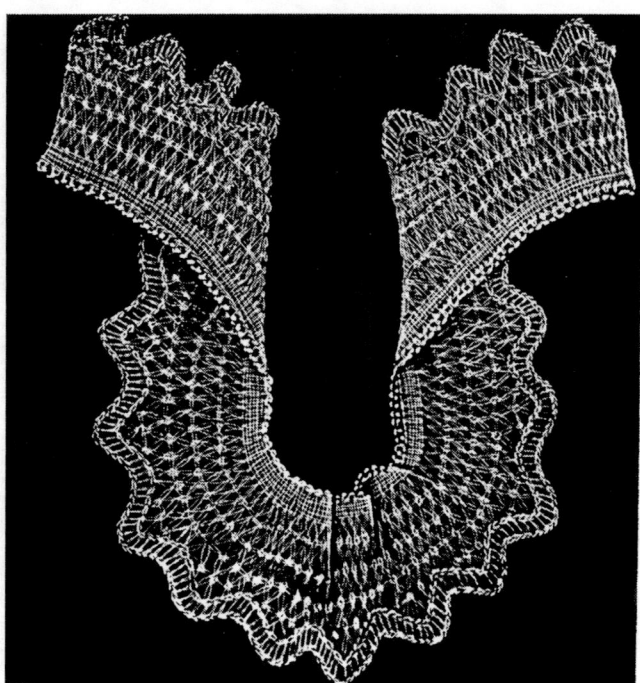

54. Fichuartiger Kragen in kurzen Querreihen zu arbeiten; hierzu Typ. 54 auf dem Bogen.

Anfang, strickt und wiederholt dann das Mittelstück nach Typen-satz II und schließt die Reihe mit Typensatz III. Für die Wickel-musche strickt man zunächst 2×2 Maschen zusammen, hebt dann die beiden daraus gestrickten M. auf eine besondere Nadel und wickelt den Arbeitsfaden 10mal um die beiden Maschen. Dann hebt man die beiden Maschen wieder auf die Rechtsnadel. Die Ausführung der Wickelmusche zeigt die Arbeitsprobe. Spitze 52 besteht aus Schrägreihen, die mit Maschen belebt sind. Man strickt die Spitze nach dem Typen-muster 52 auf dem Bogen. Das Typenmuster gibt nur 1 Muster-satz an, der sich auf der Nadel fortlaufend wiederholt. Der M.-Anschlag muß durch 13 teilbar sein. Es wird abwechselnd eine Musterreihe u. eine Zwischenreihe gestrickt. In der Zwischenreihe trifft rechts auf rechts und links auf links, die Umschläge sind

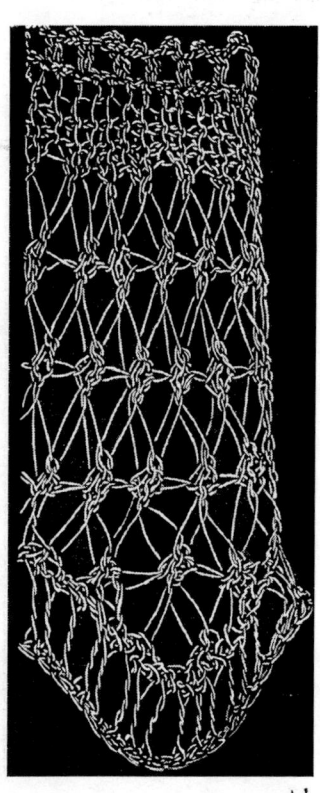

11

54a. Teilstück zu Abb. 54.

11

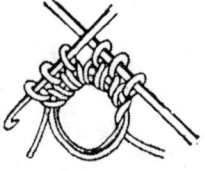

56. Anfangsmaschen durch Aufhäkeln gebildet.

der Nadel, Typ. II Mitte der Nadel (man strickt Typ. II 4 mal) und Typ. III den Schluß der Nadel. Oben wird lose abgekettet und der Kragen rund gespannt.

Abb. 54. Fichuartig. Kragen in kurzen Querreihen zu arbeiten. Weißes Leinengarn Nr. 100 bildet das Arbeitsmaterial. Die ersten drei Reihen des Typenmusters werden ganz abgestrickt, während man bei der vierten Reihe, wie an dem Muster ersichtlich, nur 6 M. abstrickt, wendet und die 6 M. wieder zurückstrickt. Durch diese kurzen Reihen wird der Außenrand erweitert. Es folgen nun wieder zwei Reihen, die ganz abgestrickt werden, und darauf wieder die kurzen Reihen. Nach Reihe 36 beginnt man wieder mit Reihe 1, und wiederholt 23 mal. Der Halsrand wird umhäkelt, siehe die naturgroße Arbeitsprobe Abb. 54a.

Die meisten Quadrate und runden Formen werden von der Mitte aus gearbeitet. Hierfür ist ein tadelloser Anfang unbedingt erforderlich, der erst nach einiger Übung gleichmäßig gerät. Man bildet ihn auf zwei verschiedene Arten. Für Abb. 55 schlägt

57. Quadrat von d. unteren Spitze ausgehend gestrickt; hierzu Typ. 57 auf dem Bogen.

CHART 57, PG [103]
CHART 58, PG [99]

man die M. mit einfachem oder doppeltem Faden auf 2 Nadeln, legt sie dicht nebeneinander, so daß Anfangs= und Endmasche zusammenliegen und strickt nun je 3 M. auf 4 Nadeln mit doppelt. Arbeitsfaden ab. Dann strickt man noch eine Runde glatt rechts und beginnt hierauf mit dem Typenmuster, dann wird mit einfach. Faden weit. gearbeitet. Wenn die Arbeit fertiggestellt ist, zieht man die Anfangsmaschen zusammen und vernäht den Faden. Abb. 56 zeigt das Aufhäkeln der ersten Maschen; wir empfehlen es nur denjenigen, denen das Aufschlagen nicht gelingen will, da der in der Mitte hierfür nötige Fadenring stets etw. aufträgt.

links zu stricken. In jeder Musterreihe schiebt sich das Muster in schräger Anordnung um eine M. nach links, was an der 2. Musterreihe, die wir der Deutlichkeit halber noch gegeben haben, ersichtlich ist. Die Muschen sind in jeder 5. Musterreihe in d. Mitte der rechten

Schrägstreifen über 3 Maschen nach Abb. 48 zu arbeiten. Der seitliche Rand ist gerade zu stricken, wofür sich die Schrägstreifen allmählich in d Muster schieben.

Abb. 53. Runder Kragen von innen ausgehend in Kordonnettseide gestrickt. Dieser Kragen wird mit 106 M. Anschlag auf 2 Nadeln begonnen. Man arbeitet hin= und hergehend zuerst 1 Reihe rechts, 1 Reihe links, dann eine Lochreihe, gebildet aus fortlaufend 1 Umschlag, 2 Maschen rechts zusammenstricken, siehe Abb. 112, die ersten 3 und die letzten 3 M. jedoch werden einfach rechts gestrickt, so daß nach Vollendung dieser Reihe 107 M. auf der Nadel sind. Dann folgt noch 1 Reihe rechts, 1 Reihe links, eine Reihe rechts, worauf man nach dem Typenmuster weiter arbeitet. Typ. I zeigt den Anfang

55. Aufgeschlagene Anfangsmaschen, die mit doppeltem Arbeitsfaden abgestrickt werden.

58. Quadrat vom äußeren Rand ausgehend nach innen gestrickt; hierzu Typ. 58 auf dem Bogen.

59. Quadrat von der Mitte ausgehend gestrickt; hierzu Typ. 59 auf dem Bogen.

12

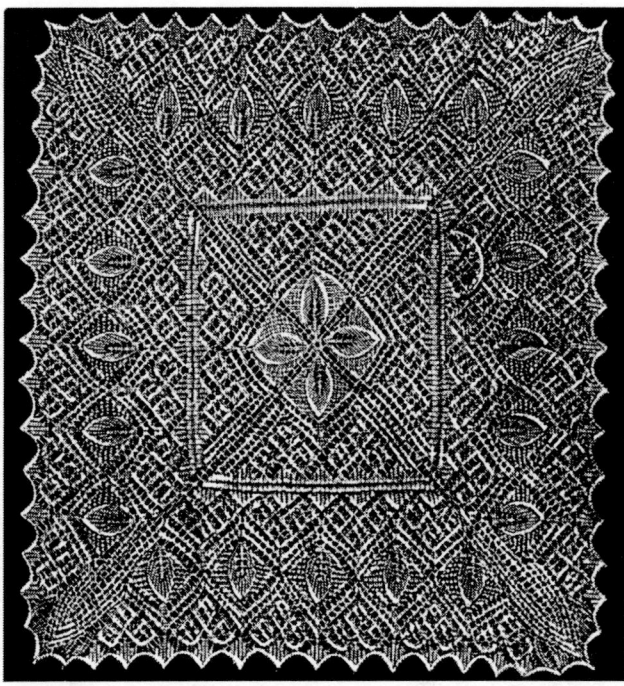

60. Weißstickereideckchen m. gestrickter Randspitze; hierzu Typ. 60 auf dem Bogen. Entwurf und Ausführung: R. Rölke, Berlin.

61. Viereckige Decke mit erhabenen Blättern; hierzu Typ. 61 auf dem Bogen. Entwurf und Ausführung: Lydia Reiß, Berlin.

Abb. 57—59. Drei verschiedene Arten des Strickens von Quadraten. Abb. 57, das 9 cm im Geviert mißt, beginnt man von einer Spitze ausgehend in zuerst zu- und dann in abnehmenden Reihen. Abb. 58 – 11 cm im Geviert – ist von außen nach innen zu stricken, indem man mit einem Anschlag von 156 M. beginnt, in der Runde strickt und die letzten Maschen mit einem Faden zusammenzieht. Abb. 59 — 11 cm im Geviert — arbeitet man von der Mitte ausgehend (den Anschlag, siehe Arbeitsprobe 55). Alle drei Quadrate werden, nachdem sie fertiggestellt sind, gleichseitig gespannt, und zwar steckt man zuerst die vier Ecken in gleicher Entfernung voneinander fest, worauf die einzelnen Seiten zu befestigen sind.

Abb. 60. Weißstickereideckchen mit gestrickter Randspitze. Größe: 17,5 cm im Geviert. Der Rand des Deckchens (fertig: 8,5 cm

61a. Teilstück zu Abb. 61.

CHART 60, PG [99]
CHART 61, PG [103]

im Geviert) wird mit festen Maschen umhäkelt und dann werden auf jede der vier Nadeln je 36 Maschen aufgenäht, indem man in gleichmäßigen Abständen in die feste Maschenreihe greift. Das Typenmuster ist für eine Nadel gegeben, und zwar sind nur die Musterreihen angegeben. Die Zwischenreihen sind rechts zu stricken. Den Außenrand umhäkelt man mit Luftmaschenbogen: je 2 M. mit 1 f. M. zusammenfassen dazwischen 8 L. häkeln.

Abb. 61. Viereckige Decke mit erhabenen Blättern. Größe: 37 cm im Geviert. Diese Decke, die in Häkelgarn N 50 gearbeitet, gerade die Größe einer Nachttischdecke hat, wird von der Mitte ausgehend auf einem Anschlag von 8 Maschen gearbeitet. Die etwas erhabenen glatt rechts gestrickten Blättchen entstehen durch regelmäßiges Abnehmen am Rand in einen rechts und links gestrickten Grund. Die auf die Hälfte verkleinerte Mitte siehe Abb. 61a.

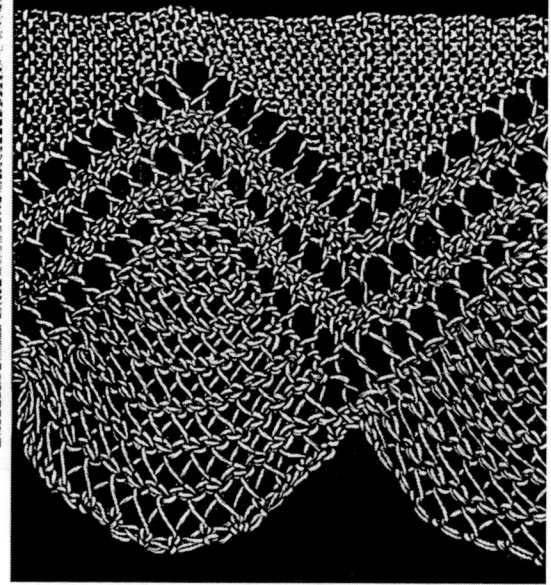

Abb. 62 u. 62a. Große längliche Decke aus zusammengesetzten Vierecken mit Randspitze. Die mit Estremadura Nr. 10 gestrickte Decke besteht aus 30 einzelnen Vierecken, die je 10 cm groß sind. Man kann die Decke beliebig vergrößern. Die Vierecke werden von links überwendlich zusammengenäht, ebenso wird die 7 cm breite Randspitze an der fertigen Decke befestigt. Abb. 62a zeigt die Zackenbildung der Spitze.

62. Decke aus einzelnen Vierecken zusammengesetzt mit Randspitze;
hierzu Typ. 62 u. 62a auf dem Bogen
Modell Hedwig Seeligmann, Berlin.

CHART 62A, PG [105]

62a. Teilstück der Randspitze zur Decke.

CHART 62A, PG [113]

14

Deckenanfänge.

Abb. 63—67. Fünf verschiedene Sterne für Deckenanfänge. Das Anschlagen der Maschen für die Sternenmitten ist aus Abb. 55 und 56 ersichtlich. Beim Stricken richtet man sich nach den Typenmustern 63—67 auf dem Bogen.

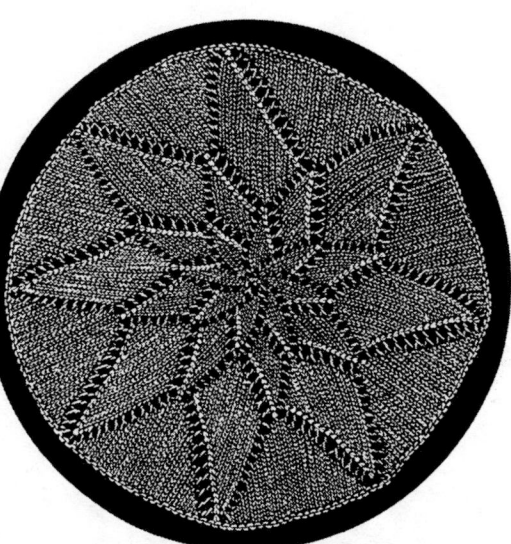

63. Durchbrochener achtstrahliger Stern für Deckenanfänge; hierzu Typ. 63 auf dem Bogen.

64. Glatt gestrickter achtstrahliger Stern; hierzu Typ. 64 auf dem Bogen.

CHART 63-67, PG [101]

65. Spiralenförmiger Stern; hierzu Typ. 65.

Jedes Typenmuster gibt einen Mustersatz an, der sich in der Runde 8mal wiederholt. Es folgt immer abwechselnd eine Musterrunde und eine Zwischenrunde. Im übrigen richtet man sich nach den genauen Angaben, die unter den einzelnen Typenmustern stehen, zuletzt lose abketten und spannen.

66. Achtstrahliger Stern in durchbrochenem Grund; hierzu Typ. 66 auf dem Bogen.

67. Achtstrahliger 1 Masche rechts, 1 Masche links gestrickter Stern; hierzu Typ. 67 auf dem Bogen.

15

Runde Decken aus Sternen mit angenähter Randspitze.

68. **Kleine runde Zierdecke mit Blättchenmitte und angenähter Randspitze;** hierzu Typ. 68 u. 68a auf dem Bogen. Modell aus dem Kunstgewerbemuseum, Berlin.

bleiben. Man arbeitet demnach in der 9. Runde 1 Raupe innerhalb eines Mustersatzes und in den folgenden je 3 Raupen. Die Ausführung der Muschen ist aus der Abb. 48 ersichtlich. Es sind zunächst nach dem Typenmuster die Mittelsterne zu stricken, hierauf die Randspitze. Die Spitze ist zur Runde zu schließen, und zwar hat das möglichst unsichtbar zu geschehen, worauf man Mitte und Rand durch überwendliche Stiche verbindet.

Abb. 70 u. 70a. Viereckige u. runde Blätterdecke. Durchmesser der großen Decke: 80 cm, die kleine Decke mißt 32 cm im Geviert. Die kleine Decke und die große Decke können nach dem gleichen Typenmuster gestrickt werden. Man beginnt mit 8 M. Anschlag und strickt diese in der Runde verschränkt ab. Dann arbeitet man nach dem Typenmuster. Dieses ist für einen Mustersatz gegeben, der sich in der Runde 4 mal wdh. Nach jeder Musterrunde

Abb. 68 u. 69. Zwei kleine runde Decken mit angenähter Randspitze. Durchmesser: je 18 cm. Das Teilstück der Randspitze von Decke 68 zeigt Abb. 68a, das der Decke 69 zeigt Abb. 46. Zur Ausführung der Raupen an dem Deckchen 69 gehören je 2 Maschen: Man strickt die 1. Masche, läßt sie jedoch auf der Nadel und strickt sie mit der folgenden Masche noch einmal zusammen ab, so daß doch 2 Maschen

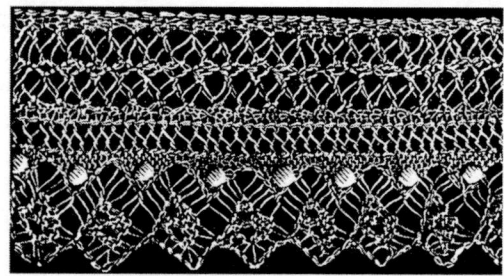

68a. **Teilstück der Randspitze aus Abb. 68** Der Einsatz ist auch einzeln zu verwenden, siehe Abb. 36 auf Seite 7.

69. **Kleine runde Zierdecke mit 7teiligem Stern und angenähter Randspitze;** hierzu Typ. 69 auf dem Bogen. Modell aus dem Kunstgewerbemuseum, Berlin.

CHART 68, 68A, 69, PG [101]

16

70. Runde Decke mit Blättermotiven;
die Mitte viereckig gespannt, s. Abb. 70a;
hierzu Typ. 70 auf dem Bogen.

**71. Zwölfstrahlige durchbrochene
runde Decke;** hierzu Typ. 71 auf dem
Bogen. Entwurf u. Ausführung:
Lydia Reiß, Berlin.

CHART 70, 70A, PG [97]
CHART 71, PG [107]

ist eine Zwischenrunde zu arbeiten, in der nur rechts gestrickt wird. Für die kleine Decke wird nach der 66. Runde lose abgekettet. Für die große Decke wird weiter gearbeitet und von der 70. Runde an der gegebene Mustersatz 16 mal in der Runde gestrickt. Die 82. Runde ist gleich der 22., die 84. gleich der 24. usf.; man strickt also von 1—80, dann von 22—66. Für noch größere Decken wiederholt man noch einmal von 68—80, dann von 22—66. Darauf wird mit der Häkelnadel abgekettet und zwischen je 2 Maschen 1 Luftmasche gehäkelt. Man kann die Decke auch mit einem sechseckigen Stern arbeiten, wofür man mit 12 Maschen Anschlag beginnt und den Mustersatz 6 mal in der Runde wiederholt. Für einen 5eckigen Stern beginnt man mit 10 Maschen Anschlag.

70a. Viereckige Decke mit Blättermotiven, aus der Mitte der runden Decke Abb. 70 gespannt; hierzu Typ. 70 auf dem Bogen.

Abb. 71. Zwölfstrahlige durchbrochene runde Decke. Diese Decke wird in weißem Leinenzwirn Nr. 20 gearbeitet. 40 cm groß. Aus dem Doppelumschlag ist 1 M. r., 1 M. l. zu stricken. Der Mustersatz des auf unserem Typenbogen angegebenen Musters wird 6 mal in der Runde wiederholt. Die Zwischenrunden werden bis auf die Runde 52, die die strahlenförmigen Figuren abschließt, r. gestrickt. Auf die gleiche Weise sind alle strahlenförmigen Figuren abzuschließen, weshalb die betr. Zwischenreihen dann nicht mehr besonders am Muster angegeben sind.

17

72. Rundes Deckchen mit vierteiligem Mittelstern;
hierzu Typ. 70 auf dem Bogen.
Entwurf und Ausführung: Lydia Reiß, Berlin.

CHART 72, PG [109]

Abb. 72. Rundes Deckchen mit vierteiligem Mittelstern. Durchmesser: 19 cm. Als Arbeitsmaterial dient Leinenzwirn Nr. 100. Das Typenmuster ist für eine Nadel gegeben
und wiederholt sich 4 mal in der Runde. Bei der 15. und
25. Reihe hat man, wie aus dem Typenmuster ersichtlich, die
ersten zwei resp. drei Maschen jeder Nadel auf die vorhergehende
Nadel zu stricken, da sich hier das Muster verschiebt.

Abb. 73. Deckchen mit durchbrochenem Rand und
geraden Stegen. Durchmesser: 24 cm. Dieses Deckchen hat
eine besonders zarte Wirkung dadurch, daß es sich am Rand in
3 Lochreihen auflöst. Das Muster wird 4 mal in der Runde gestrickt und ist von rechts nach links abzulesen. Bei der 3., 47. und
55. Reihe sind am Anfang der Reihe so viel Maschen, wie am
Typenmuster angegeben sind (in der 3. Reihe 1 Masche, in der
47. Reihe 4 Maschen, in der 55. Reihe 5 Maschen), von der
folgenden Nadel auf die vorhergehende rechts zu stricken, und
dann erst die Reihe nach dem Typenmuster wie üblich abzustricken.
Bei der 29. Reihe wird die letzte Masche der vorhergehenden

Nadel als erste auf die folgende Nadel gestrickt und dann die
Reihe weiter nach dem Typenmuster gearbeitet.

Bis zur 26. Reihe ist die Arbeit nicht zu lose zu
stricken, von da ab kann man statt des einen Umschlages
stets zweimal umschlagen, dann darf aber in der folgenden
Reihe aus den zwei Umschlägen nur eine Masche herausgestrickt werden. Dadurch wird die Arbeit lose und sehr duftig.

Abb. 74. Decke mit achtstrahligem durchbrochenen
Mittelstück. Durchmesser: 26 cm. Man beginnt mit einem
Anschlag von 8 M., die man auf 4 Nadeln verteilt und
zur Runde schließt. Die am Typenmuster nicht angegebenen
Zwischenrunden sind rechts zu stricken. Bei Runde 14, 18,
22, 42 ist aus dem Doppelumschlag 1 M. r., 1 M. l. zu
stricken. Von Runde 41 an ist jedes Muster 2mal auf jeder
Nadel zu arbeiten. Bei Runde 59 ist die 1. M. auf die vorige
Nadel zu stricken und bei den übrigen Nadeln die am Ende
fehlende Masche herüberzunehmen. Nach Runde 60 wird
recht lose abgekettet und dann die Decke zackig gespannt.

73. Deckchen mit durchbrochenem Rand und geraden Stegen;
hierzu Ullstein-Typenmuster H. 19 im Ullstein-Verlag käuflich
erhältlich. Entwurf u. Ausführung: Lydia Reiß, Berlin.

18

Abb. 75. Deckchen mit festem gestrickten Rand und Luftmaschenbogen. Größe: 24 cm Durchmesser. Dieses Deckchen wirkt durch die hintereinander rechts gestrickten Zwischenrunden am Rand nicht so duftig wie die andere Decke, hat aber den Vorteil, daß sie sich leicht spannen läßt und im Gebrauch sich nicht verziehen kann. Man strickt sie mit Leinenzwirn Nr. 30. Das auf dem beigegebenen Typenbogen abgebildete Muster zeigt einen Mustersatz, der sich in der Runde 8mal wiederholt. Bei × ist am Anfang der Runde die 1. M. auf die vorhergehende Nadel zu stricken und die fehlende Masche am Ende jeder Nadel von der folgenden herüberzustricken.

Abb. 76. Decke mit sechseckigem Stern und geraden Stegen. Durchmesser: 20 cm. Das Arbeitsmaterial für die sehr durchbrochene Decke ist feinster weißer Leinenzwirn und sieben Stahlstricknadeln. Man beginnt mit 12 M. Anschlag, die man auf 6 Nadeln verteilt und strickt dann das

75. Deckchen mit festem gestrickten Rand und Luftmaschenbogen; hierzu Typ. 75 auf dem Bogen.
Entwurf und Ausführung: R. Nölke, Berlin.

CHART 75, PG [119]

74. Decke mit achtstrahligem durchbrochenen Mittelstück; hierzu Typ. 74 auf dem Bogen.
Entwurf und Ausführung: Frieda Heymann, Steglitz.

CHART 74, PG [109]

Deckchen in der Runde nach dem zugrunde liegenden Typenmuster. Das Typenmuster ist für eine Nadel gegeben und wiederholt sich 6mal in der Runde. Bei der 11., 33., 40., 48. u 60. Reihe wird die 1. M. der 1. Nadel auf die letzte Nadel der vorhergehenden Reihe rechts hinübergestrickt, bei der 2. und den folgenden Nadeln wird die 1. M. mit der letzten M. der vorhergehenden Nadel dem Typenmuster entsprechend zusammengestrickt. Nach der letzten 60. Reihe werden die Maschen lose abgekettet und die Arbeit feucht gespannt. Die Zäckchen am Rande entstehen durch das Spannen.

Abb. 77. Kleine Decke mit zwölfstrahligem Mittelstern. Für das 20 cm im Durchmesser große Deckchen verwendet man weißes Leinengarn Nr. 60 und fünf zum Arbeitsfaden passende Stahlstricknadeln. Man arbeitet das Deckchen nach dem zugrunde liegenden Typenmuster in der Runde zunächst auf 3 Nadeln. Vor Beginn der 15. Reihe verteilt man die M. auf 4 Nadeln. Das Typenmuster gibt bis Reihe 13 den Mustersatz für eine Nadel an und wird auf jeder Nadel

76. Decke mit sechseckigem Stern und geraden Stegen: hierzu Typ. 76 auf d. Bogen. Entwurf und Ausführung: Lydia Reiß, Berlin.

wiederholt. Den Anschlag bilden 9 M., auf jede Nadel treffen 3 M. Man strickt zunächst abwechselnd 1 Musterrunde, 1 Zwischenrunde usf. bis zur 29. Reihe, von der 31. Reihe an fallen die Zwischenreihen fort. In den am Typenmuster nicht angegebenen Zwischenrunden werden aus jedem Doppelumschlag 1 Masche rechts, 1 Masche links gearbeitet und alle übrigen Maschen rechts gestrickt. Bei der 31. bis 44. Runde bildet man statt des einen am Typenmuster angegebenen Umschlags einen Doppelumschlag, den man in der darauffolgenden Reihe als eine Masche r. strickt. Zuletzt wird mit 1 Häkelnadel abgekettet, indem man je 2 M. mit 1 f. M zusammenfaßt und dazwischen je 12 L. arbeitet. Darauf wird das Deckchen gewaschen und auf einer festen Unterlage zackig ausgespannt, wobei in jeden L.-B. eine Stecknadel trifft.

78. Sechseckiges Deckchen hierzu Typ. 78 Entwurf und Ausführung: **mit tiefen Zacken;** auf dem Bogen. Frieda Heymann, Steglitz.

77. Kleine Decke mit zwölfstrahligem Stern; hierzu Typ. 77 auf d. Bogen. Entw. u. Ausführung: Frau E. Radloff, Calbe a. d. E.

Abb. 78. Sechseckiges Deckchen mit tiefen Zacken. Durchm.: 30 cm. Den Anfang des Deckchens bilden 6 M., die auf 3 Nadeln verteilt werden. Von der 37. Runde an strickt man das Muster auf 4 Nadeln, und zwar kommen auf die 2. und 4. Nadel 2 Muster, auf die 1. und 3. Nadel 1 Muster. Das auf dem Typenbogen angegebene Muster wiederholt ich dann in jeder Runde 6 mal. Die von Runde 16 ab am Muster nicht angegebenen Zwischenrunden werden r. gestrickt.

Abb 79. Große Decke mit zwölfstrahligem Mittelstern. Die Decke wird in feiner Estremadura Baumwolle ausgeführt, 1 m im Durchmesser. Das Muster ist im Verlag Ullstein A.-G. unter H. 1368 käuflich erhältlich. Man beginnt mit einem Maschenanschlag von 12 Maschen. In den Runden 1 bis 59 ist das Muster 12mal (3 × auf jeder Nadel), von 60 bis 86 24mal

20

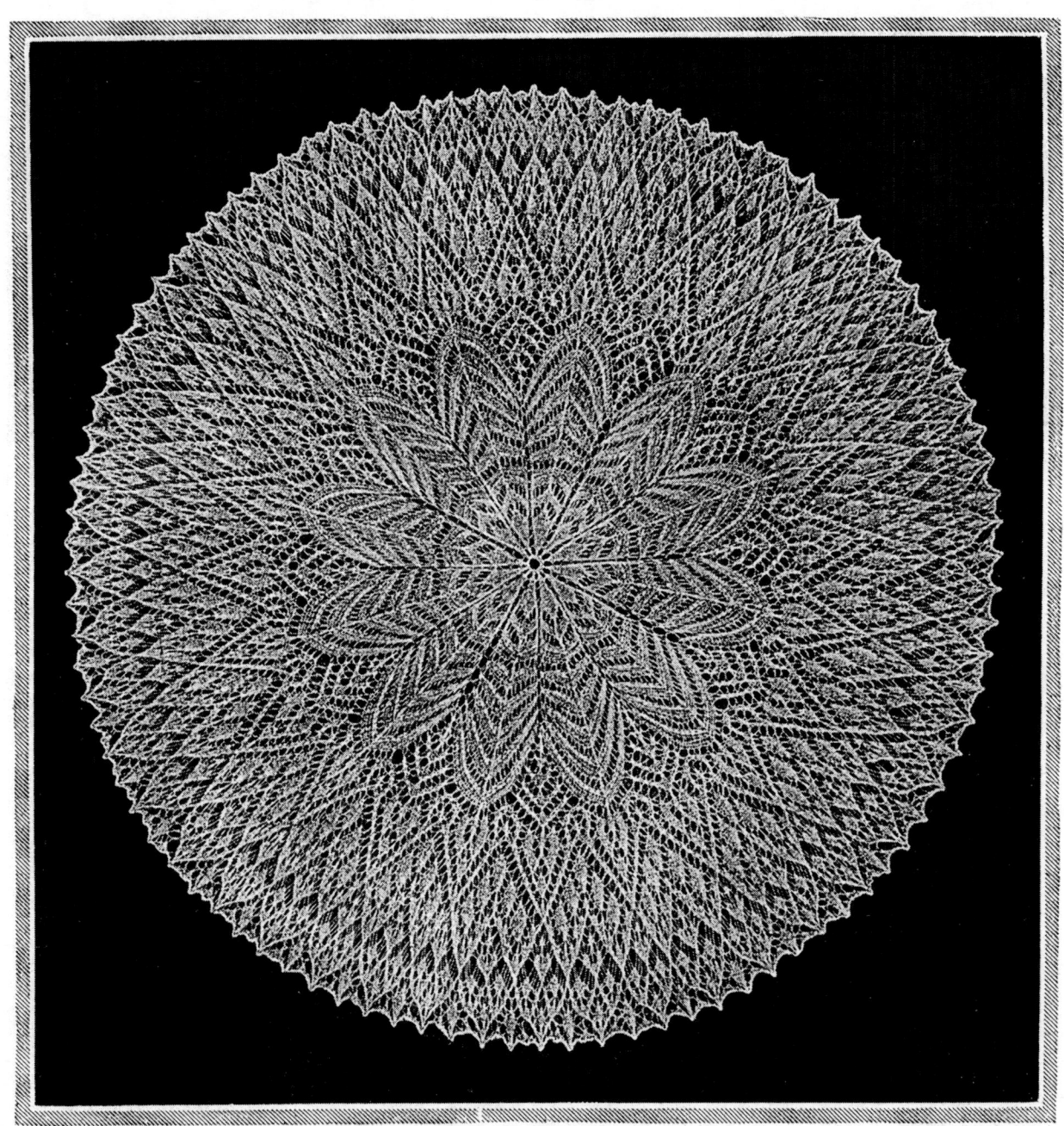

79. **Große Decke mit 12strahligem Mittelstern;** hierzu Ullstein=Typenmuster H. 1368 im Ullstein=Verlag käuflich erhältlich. Entwurf und Ausführung: Lydia Reiß, Berlin.

(6 × auf jeder Nadel) und von 87 bis 111 48mal (12 × auf jeder Nadel) zu stricken. In den Runden von 1 bis 29 strickt man den einen Umschlag stets rechts auf die vorhergehende Nadel als letzte Masche, während der 2. Umschlag als 1. M. der Nadel links abgestrickt wird. In Reihe 63 werden 9 M. von der folgenden auf die vorhergehende Nadel links gestrickt. Bei Reihe 84 wird die letzte M. (die eine Hälfte der 2 M) als erste auf die folgende Nadel genommen, ebenso wird in Reihe 97 die letzte Masche als erste auf die folgende Nadel genommen.

Grundmuſter.

Typenmuſter zu allen Abb. dieſer Seite auf dem beiliegenden Bogen.

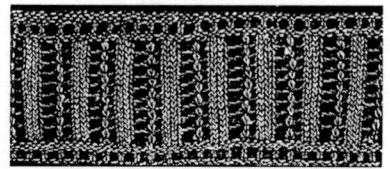

80. **Grundmuſter mit breiten und ſchmalen Streifen;** hierzu Typ. 80.

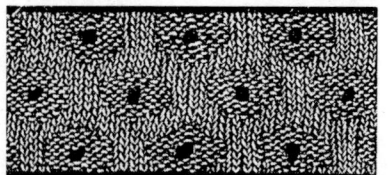

82. **Grundmuſter, rechts u. links geſtrickt, m. klein. Löchern;** hierzu Typ. 82.

Um geſtrickte Gebrauchsgegenſtände, wie Häubchen, Jäckchen, Unterröckchen, Strümpf, Handſchuhe uſw., recht wirkungsvoll zu verzieren, bedient man ſich der durchbrochenen Grundmuſter, Abb. 80 bis 89. Bei den meiſten dieſer Muſter ſind die Maſchen auf der

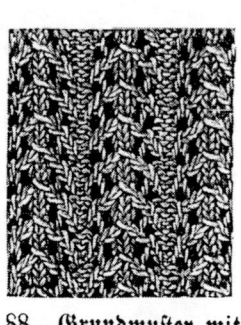

88. **Grundmuſter mit verſchiedenartigem Abnehmen;** hierzu Typ. 88.

Muſterſatz für Reihe 1, 3 und 5 wird von r. nach l. und für Reihe 2, 4 und 6 von l. nach r. geleſen. — Muſter 83 beſteht aus 11 Muſterreihen, die dazwiſchen liegenden Zwiſchenreihen werden links geſtrickt. — Für Muſter 84 ſind die einzelnen Reihen

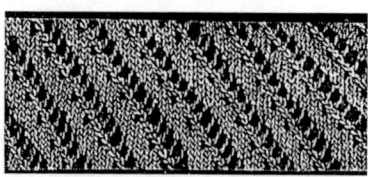

81. **Grundmuſter aus Schrägreihen gebildet m. klein. Löchern;** hierzu Typ. 81.

83. **Grundmuſter aus durchbrochenen Vierecken gebildet;** hierzu Typ. 83.

Vorderſeite rechts, ſo daß man bei hin- und hergehenden Reihen die Rückreihen dementſprechend links ſtricken muß. Es iſt ratſam, bevor man einen durchbrochenen Gegenſtand zu ſtricken anfängt, ein Stück des Grundmuſters vorher auszuprobieren. In den achtziger Jahren des vorigen Jahrhunderts, in dem die Strickarbeit überaus beliebt war, arbeiteten die Frauen ſogenannte Muſterbänder, denen ſie jedes Muſter, welches ſie im Freundes- oder Bekanntenkreis antrafen, anfügten. Im Berliner Muſeum ſind verſchiedene ſolcher Bänder zu ſehen, die bis zu 5 m lang ſind.

Man achte darauf, daß man für jedes Grundmuſter eine durch die Zahl des Typenmuſters teilbare Anzahl von Maſchen aufſchlägt und die gegebenen Muſterſätze für jede Nadel fortlaufend wiederholt.

Für das Muſter Abb. 80 beginnt man mit einem Maſchenanſchlag, der durch 6 teilbar ſein muß. Nach jeder Muſterreihe folgt eine Zwiſchenreihe links. Muſter 81 beſteht aus Schrägreihen. Man arbeitet abwechſelnd 2 Muſterreihen, nach jeder Muſterreihe folgt eine Zwiſchenreihe links. — Muſter 82 beginnt mit einem durch acht teilbaren Maſchenanſchlag. Der

von der Reihenzahl ausgehend zu leſen. Zwiſchenreihen werden nicht geſtrickt. Die in Reihe 7 angegebenen Maſchen werden vor dem Abſtricken gekreuzt, d. h. man hebt die beiden erſten Maſchen auf eine Hilfsnadel, ſtrickt die beiden folgenden M. rechts ab, bildet einen Umſchlag und ſtrickt die beiden M. auf der Hilfsnadel zuſammen rechts ab. Dann wird ein Muſterſatz wie gewöhnlich weiter gearbeitet und der nächſte wieder gekreuzt. — Muſter 85 hat 15 Muſterreihen. Die Zwiſchenreihen werden links geſtrickt. — Für das Muſter 86 muß der Maſchenanſchlag durch 4 teilbar ſein. Jede Reihe iſt von der Reihenzahl ausgehend abzuleſen. Die Typen vor und hinter den Gedankenſtrichen bezeichnen den Anfang bzw. den Schluß der Nadel. Die Typen zwiſchen den Strichen geben zweimal den Muſterſatz an. — Muſter 87 beginnt man mit einem durch 18 teilbaren Maſchenanſchlag und lieſt jede Reihe von r. nach l. gehend ab. Nach jeder Muſterreihe folgen Zwiſchenreihen, die am Muſter nicht angegeben ſind, man ſtrickt r. auf r. und l. auf l. Alle Umſchläge werden links geſtrickt. In den erſten 7 Muſterreihen ſchiebt ſich das Muſter in ſchräger Anordnung um je 1 M. nach links und in den folgenden 7 Muſterreihen nach rechts, was am Muſter jedoch nicht beſonders angegeben iſt. Es wiederholt ſich immer die 1. Muſterreihe, die anderen Reihen geben nur die Verſchiebung an.

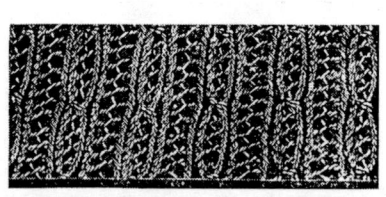

84. **Grundmuſter aus dem Hexenſtichmuſter gebildet,** hierzu Typ. 84.

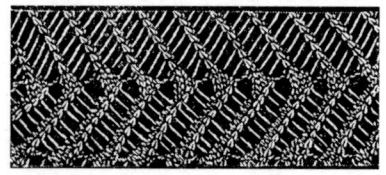

86. **Grundmuſter m. geraden Stegen und Zickzacklinien;** hierzu Typ. 86.

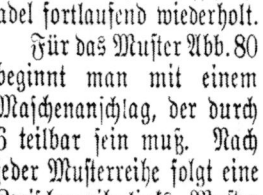

89. **Grundmuſter mit zuſammengefaßten Umſchlägen;** hierzu Typ. 89.

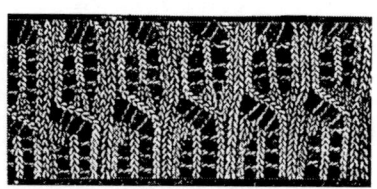

85. **Grundmuſter mit Längs- und Querſtreifen;** hierzu Typ. 85.

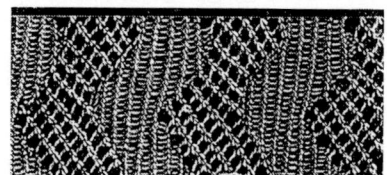

87. **Grundmuſter m. gedrehten Stegen und Zickzacklinien;** hierzu Typ. 87.

22   *Chart 80,81,82, pg 111*
Chart 83,84,85, pg [107]

Chart 86, pg 117
Chart 87,88,89, pg [111]

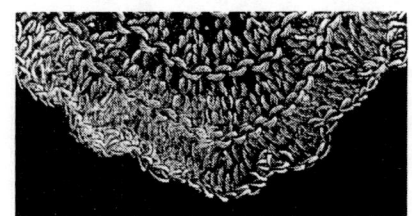

91a. Teilstück des Kragenrandes Abb. 91.

— Muster 88 hat einen Maschenanschlag, der durch 7 teilbar ist. Man strickt je 2 Musterreihen und nach jeder Musterreihe 1 Zwischenreihe. — Das Muster 89 arbeitet man in der Runde. Der Maschenanschlag muß durch 15 teilbar sein. Die Umschläge der 1. bis 5. Runde werden fallengelassen und nicht abgestrickt. In der 6. Runde faßt man die Umschläge durch 1 M. rechts zusammen, siehe die Abb. Aus den Umschlägen der 6. Runde strickt man in der 7. Runde verschränkte Maschen. Nach der 7. Runde beginnt man wieder mit der ersten.

CHART 91, PG [113]

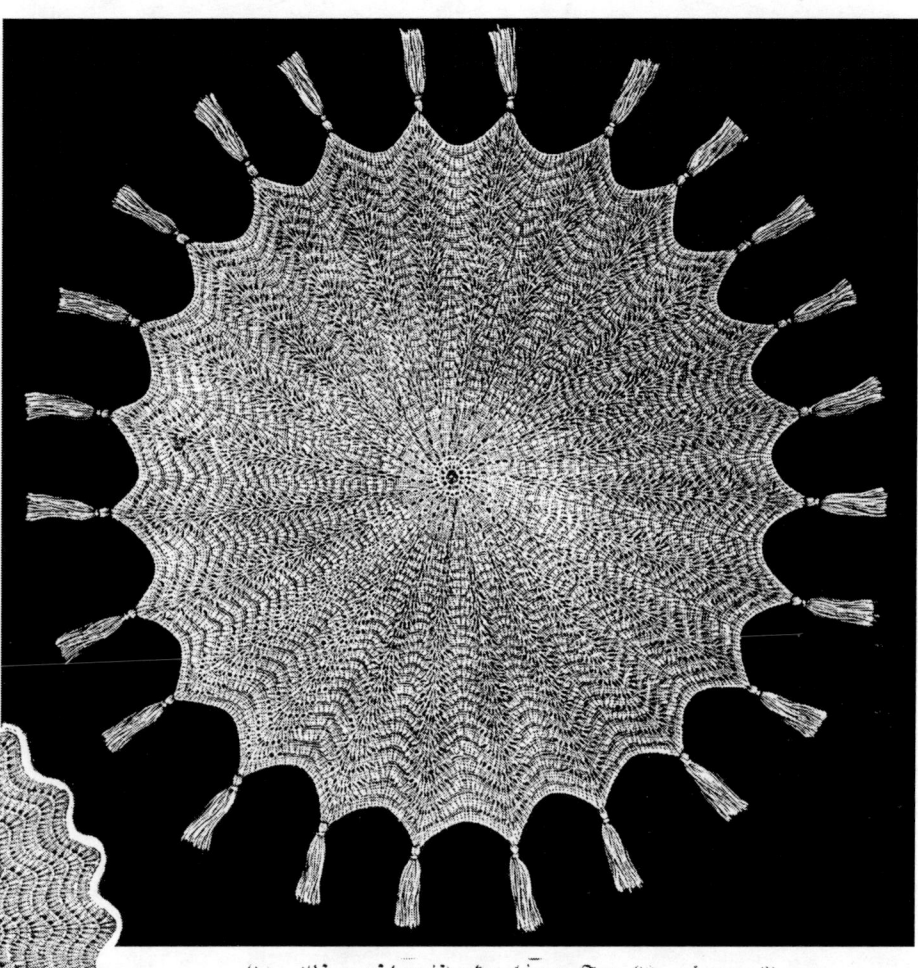

90. **Pfauenschweifdecke;** hierzu Typ. 90 auf dem Bogen.

CHART 90, PG [113]

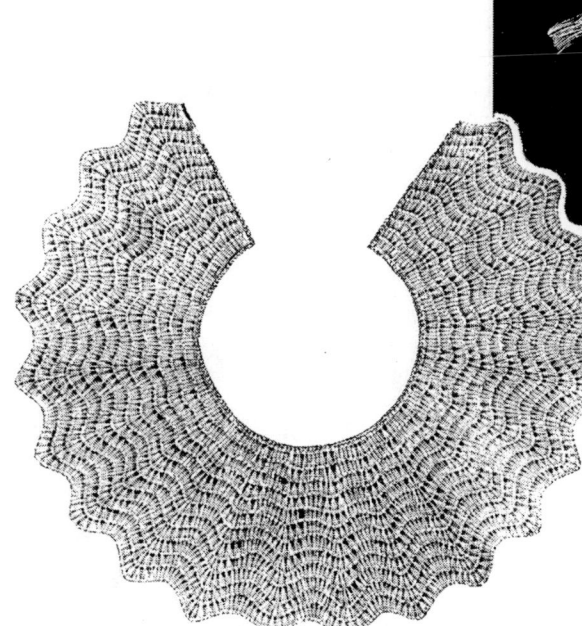

91. **Kragen im Pfauenschweifmuster;** hierzu Typ. 91 auf dem Bogen.

Pfauenschweifmuster.

Das Pfauenschweifmuster ist eins der ältesten und beliebtesten Muster aus der Biedermeierzeit. Seine Beliebtheit verdankt es seiner großen Einfachheit, da nach jeder Musterreihe mehrere Zwischenreihen folgen. Die runde Decke, Abb. 90, wird in Baumwolle Nr. 10 gestrickt und kann beliebig vergrößert oder verkleinert werden. Die Decke nach unserem beigegebenen Typenmuster, Typenmuster 90, wird 150 cm im Durchmesser. Man beginnt mit 12 M. Anschlag und wiederholt das gegebene Muster in der Runde fortlaufend. Am Anfang strickt man nach jeder Musterrunde 2 Zwischenrunden. Von der 16. Runde ab werden immer so viel Zwischenrunden gestrickt, als die neben der Klammer stehende Zahl angibt. — Für den Kragen, den man nach

23

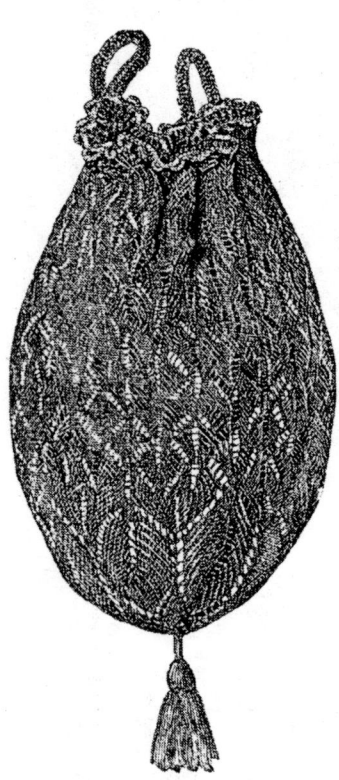

**92. Beutel in durch-
brochener Strickarbeit,**
hierzu Typ. 92 auf dem
Bogen.

CHART 92, 92A, PG [113]

dem gleichen Typen-
muster (90) hin- u. her-
gehend arbeitet, beginnt
man mit 100 M. An-
schlag, wiederholt den
gegebenen Mustersatz
auf Reihe 16 zwanzig-
mal Nach jeder Muster-
reihe folgen 2 Reihen
r. und 1 Reihe l, die
rechts neben d Typen-
muster stehende Zahl
ist nur für die Decke
maßgebend. Im übrigen
strickt man statt der l.
zusammen-
zustricken-
den M. 2
M. rechts
zusammen.
Man strickt
im ganzen
13 Muster-
reihen, fettet
dann lose

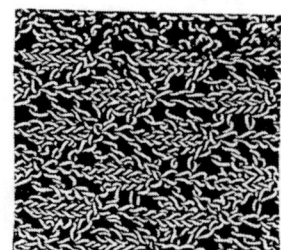

**93a. Teilstück zum Hand-
schuh Abb. 93.**

94a. Teilstück zum Strumpf Abb. 94.

ab und umhäkelt den Rand ringsum
mit einer Pikotreihe, gebildet aus
fortlaufend 1 f M, 1 P usf. Zuletzt
steift man den Kragen mit Gelatine
und spannt ihn rund.

Abb 92. Beutel in durch-
brochener Strickarbeit. Der
praktische Beutel ist mit smaragd-
grünem Perlgarn Nr. 12 zu stricken
und mit farbiger Seide zu füttern.
Man arbeitet nach dem auf unserem
Typenbogen abgebildeten Muster, Typ. 92, und den darunterstehenden
Erklärungen. Abgekettet wird der Beutel mit einer Häkelnadel, und
zwar * 1 M. mit der Häkelnadel von
der Stricknadel abheben, auf diese 1 f. M.
häkeln, dann 1 L. und vom * fortlaufend
wiederholen. Auf diese Reihe häkelt man
noch eine Pikotreihe: 1 f. M. um die 1. L.,
* 1 f. M. um die folgende L., 5 L., 1 f. M.
um dieselbe L., um die die letzte f. M.
gehäkelt wurde, 1 f. M. um die nächste
L. vom * fortlaufend wiederholen. Durch
die Lochreihe des Beutels wird eine gehäkelte Schnur im Gegenzug geleitet.

Abb. 93. Fingerhandschuh mit
durchbrochenem Grundmuster. Den
Handschuh strickt man auf 90 M. An-

schlag. Der untere
offene Teil wird in
hin- und hergehenden
Reihen, 1 Reihe rechts,
1 Reihe links gear-
beitet. Den Mäuse-
zähnchenrand erklärt
Abb. 112 und 112a.
Für das nun folgende
Grundmuster arbeitet
man nach dem Typen-
muster 93a. Rechts
und links der Reihe
sind jedoch
9 M. glatt
zu stricken.
Der gegeb.
Mustersatz
wird fortl.
wdhl. Nach
jed. Muster-
reihe folgt
1 Zwischen-
reihe. Für
den Hand-
schuhver-
schluß, der

etwa nach 15 glatten Reihen, nach Vollendung des Grundmusters folgt, fettet
man am Ende der Reihe 8 M. ab
u. schließt die übrigen M. zur Runde.
Im übrigen richtet man sich für das
Stricken des Handschuhes nach der Erklärung, die für Abb. 136 bis 138
gegeben ist. Das Zickzackmuster am
Anfang des Handschuhrückens ist in
gleicher Höhe mit dem Daumen zu
beginnen. Man richtet sich für das
Muster nach 93 b, wdhl. den Mustersatz
4 mal nebeneinander und strickt
aus den beiden zusammentreffenden U. der 1. Musterrunde in der folg.

Zwischenrunde 1 r., 1 l. Typenmuster
93 c gibt den Mustersatz für das nun
folg. Grundmuster des Handschuhrückens
an. Auch hierbei folgt nach jeder Musterrunde 1 Zwischenreihe. — Wie die Abb.
zeigt, sind für den Handschuhverschluß
je 2 Druckknöpfe anzubringen.

Abb. 94. Damenstrumpf mit
durchbrochenem Fußblatt. Mit 120 g
Strickbaumwolle Nr. 14 arbeitet man
nach der auf S. 30 erklärten Herstellung
eines Strumpfes. Man strickt den
Strumpf glatt rechts bis zur halben
Beinlänge und beginnt dann auf der
2. und 3. Nadel mit dem Stricken des

94. Strumpf mit durchbroch. Fußblatt; hierzu Typ. 94
auf dem Bogen.

CHART 94, PG [113]

**93. Fingerhandschuhe mit
durchbrochenem Grund-
muster;** hierzu Typ. 93
auf dem Bogen.

CHART 93A-C, PG [111]

24

Musters, für das man 51 M. braucht. Die am Anfang und Ende übrigen M. werden r gestrickt. Man setzt das Muster auch beim Stricken des Fußes fort bis zum Beginn des Abnehmens für die Spitze.

Abb. 95. Erstlingshäubchen mit Mittelstern u. Grundmusterrand. Das Arbeitsmaterial ist Spitzenzwirn Nr 90 und Baumwolle Nr. 8. Nach jeder Musterrunde folgt eine Zwischenrunde. Nach der 42. Runde des Sternes beginnt das Streifenmuster, das 12 mal in der Runde wdhl. n. Typ. 95a gestrickt wird. In der 1. Musterrunde arbeitet man beim 12. Male wdhl. des Mustersatzes statt der zusammenzustrickenden M. je 1 M. rechts.

Von der 60. Reihe an arbeitet man das vordere Häubchenteil in dem gleichen Streifenmuster in hin- und hergehenden Reihen. Man beginnt diesen Teil in der

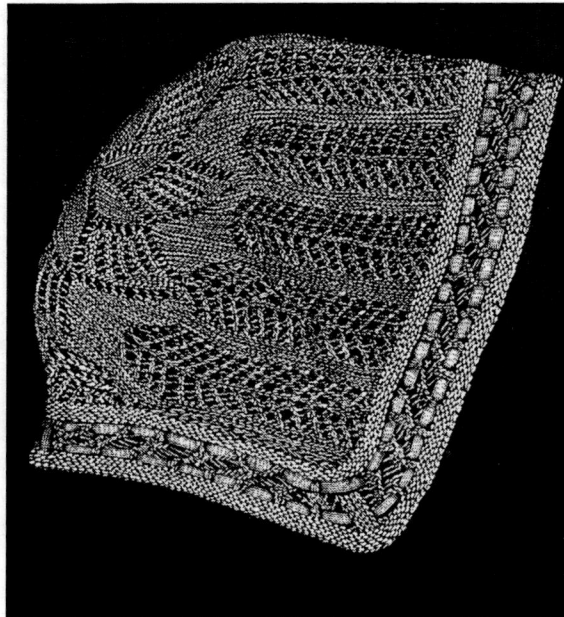

95. **Erstlingshäubchen mit Mittelstern und Grundmusterrand; hierzu Typ. 95 auf dem Bogen.**

CHART 95/95A, PG [111]

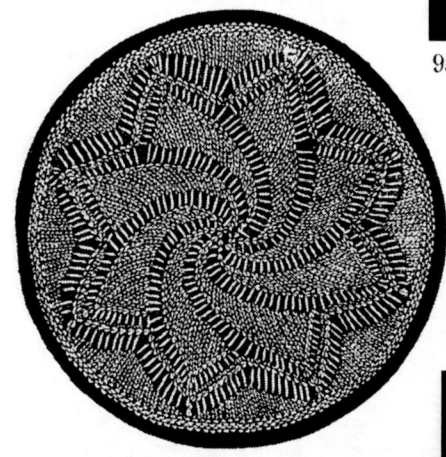

96. **Weinglasdeckel mit gestricktem spiralenförm. Stern; hierzu Typ. 95 auf dem Bogen.**

CHART 96, PG [117]

Mitte eines Mustersatzes, daher strickt man erst 6 M. r. und dann 10 Mustersätze der 61. Reihe, wendet und bringt die M. der beiden stehen ebliebenen Mustersätze mit den am Anfang rechts gestrickten 8 M. auf eine Nadel, die ungestrickt liegen bleibt. Nach der 64. Reihe arbeitet man wieder die 61. Reihe; dies wdhl. man 9mal, beim 10. mal fällt die letzte Reihe fort. Nachdem zu beiden Seiten die Randmaschen aufgenommen sind, strickt man nach dem Typenmuster 95b

98. **Kuchenglocke mit Mittelstern und Randstreifen; hierzu Ullstein-Typenmuster H. 1767 im Ullstein-Verlag erhältlich.**

CHART NOT PROVIDED

den Rand mit allen Maschen. Der Abb. entsprechend werden zwei Seidenbändchen durch den Lochrand gezogen.

Abb. 96 u. 97. Zwei Weinglasdeckel mit gestrickten Sternen. Die Sterne sind nach dem Typenmuster von der Mitte ausgehend in der Runde zu stricken. Man richtet sich beim Stricken nach den unter den Mustern stehenden genauen Erklärungen, spannt nach vollendeter Strickerei die Sterne, läßt sie zwischen Glas fassen und mit einem Ring als Griff versehen.

Abb. 98. Kuchenglocke mit Mittelstern und Randstreifen. Das Muster ist im Ullstein-Verlag unter H. 1767 erhältlich. Erforderliches Material: Weißes Häkelgarn Nr. 60, sieben Stahlstricknadeln von mittlerer Stärke, ein achtteiliges Drahtgestell von 30 cm Durchmesser und 12 cm Höhe und schmales weißes Batistband zum Bewickeln der Drahtstäbe.

97. **Weinglasdeckel mit gestricktem, 8 strahlig. m Stern; hierzu Typ. 97 auf dem Bogen.**

CHART 97, PG [117]

Für die Ausführung der Strickarbeit richtet man sich nach dem Typenmuster und der darauf befindlichen Maschenerklärung. Die Platte ist in der Runde, der die Seitenwände bekleidende Einsatz in hin- und her ehenden Reihen zu arbeiten. Man beginnt die Platte mit einem Anschlag von 8 Maschen, verteilt sie auf vier Nadeln und strickt jede Nadel 1 mal r. ab. In der Folge hat

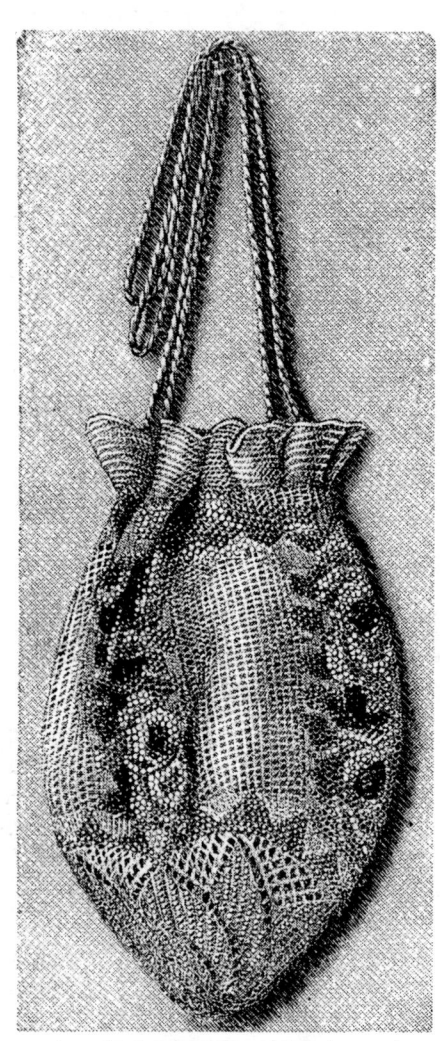

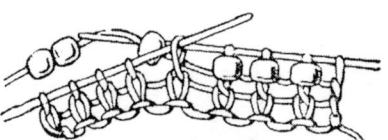

99. Das Einstricken von Perlen.

ILLUSTRATION 99, PG [117]

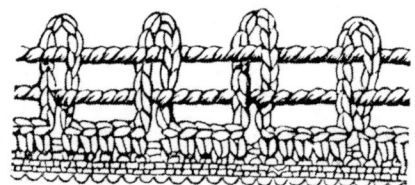

102a. Arbeitsprobe für den oberen Abschluß des Beutels, gebildet aus gehäkelten Ösen.

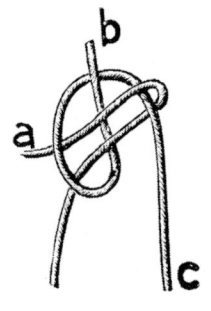 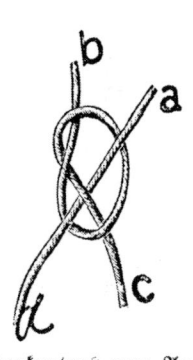

103. Ausführung des Weberknotens zum Anknüpfen des Arbeitsfadens beim Perlstricken.

101. Gestrickter Perlbeutel aus der Biedermeierzeit; hierzu Typ. 101 auf dem Bogen.

CHART 101A, PG [115]
CHART 101B, PG [114]

102. Gestrickter Schuppenperlbeutel aus der Biedermeierzeit; hierzu Typ. 102 auf dem Bogen.

CHART 102, PG [119]

man nun abwechselnd je eine Musterreihe und eine Zwischenreihe zu arbeiten, letztere ist stets glatt rechts zu stricken. Bei den Reihen 19—21, 24—27, 66—70, 75—78 und 100—102 fallen die Zwischenreihen fort. Bei Reihe 30—44 ist die 1. Masche jeder Nadel auf die letzte Nadel zu stricken. Bei den Zwischenreihen 47, 49, 51, 53, 55 und 63 ist die letzte Masche jeder Nadel auf die nächste Nadel herüberzustricken. Hat man Reihe 78 abgestrickt, so verteilt man die Maschen auf 6 Nadeln. Nach Reihe 102 wird lose abgekettet. Für den Einsatz schlägt man 41 Maschen auf. Jede Musterreihe wird rechts gestrickt, die Zwischenreihen links, wobei die Doppelumschläge mit einer linken und einer rechten Masche abzustricken sind. Ist die Strickarbeit beendet, so wird sie feucht ge-

spannt. Man befestigt sie hierfür mit rostfreien Nadeln über einer weichen Unterlage. Das Drahtgestell hat man dicht mit Batistbändchen zu umwickeln.

Dann ist die Platte mit dem Einsatz durch überwendliche Stiche zu verbinden, beides fest über das Drahtgestell zu spannen und der Einsatz am oberen und unteren Rande mit Seitenstichen an dem Gestell zu befestigen.

Abb. 99. Das Einstricken von Perlen. Sollen bei einer Strickerei Perlen eingestrickt werden, so müssen sie vor Beginn der Arbeit auf den Faden aufgezogen werden. Verwendet man mehrere Farben von Perlen, so werden sie nach einem Typenmuster aufgezogen, und zwar empfiehlt es sich, nicht mehr als fünf Reihen auf einmal aufzureihen. Man beginnt dann mit dem Aufreihen bei der 5. Reihe links und zieht die Perlen dem Muster entsprechend von links nach rechts lesend bis zur letzten Reihe auf, so daß die zuletzt aufgereihte die erste Perle ist, die man abstrickt. Man strickt jede Masche, die am Muster für eine Perle angegeben ist, rechts verschränkt ab und zieht beim Durchholen des Arbeitsfadens die Perle mit durch die Masche, siehe Arbeitsprobe 99. Liegt in der nächsten Reihe über der Perle keine Perle, so wird die darüberliegende Masche rechts verschränkt abgestrickt. Sind die aufgezogenen Perlen verstrickt, so schneide man den Faden ab, ziehe neue 5 Reihen — von der 10. zur 5. Reihe lesend — auf den Arbeitsfaden und knote diesen mit Hilfe eines Weberknotens, siehe Arbeitsprobe 100, wieder an die Arbeit an.

Abb. 100. Ausführung des Weberknotens. Da man beim Perlenstricken nicht alle Perlen auf einmal aufzieht, sondern dazwischen den Faden abreißt und später mit einem möglichst unsichtbaren haltbaren Knoten neu anknotet, bedient man sich des sogenannten Weberknotens. Abb. 100 zeigt die Verschlingung beider Fäden, Abb. 100d den fertigen Knoten vor dem Zusammenziehen. Man muß Faden c mit Faden b anziehen, weil sich sonst der Knoten löst.

Abb. 101. Gestrickter Perlbeutel aus der Biedermeierzeit. Material: Feinstes Häkelgarn oder Seide und feine Perlstricknadeln. Außerdem die unter dem Typenmuster angegebenen Perlen. Der Beutel ist in zwei Teilen zu arbeiten: Dem unteren Teil und dem oberen Teil mit dem farbigen Muster. Zunächst ist der Stern auszuführen wobei man goldgelbe Perlen einzustricken hat. Für die Ausführung des Sternes richtet man sich nach dem Typenmuster 95. Man beginnt jedoch für den Stern mit 8 Maschen Anschlag und wiederholt den Mustersatz 4 mal. In jede 2. Masche des inneren Sternes wird 1 Perle eingestrickt. Man strickt bis zur 35. Reihe. Dann wird abgekettet und mit dem oberen Beutelteil begonnen; zunächst ist ein Teil der Perlen nach Typ. 101a aufzureihen. Beim Stricken richtet man sich nach 101b.

103. **Runde Decke mit eingestricktem Perlkranz;**
hierzu Typ. 103 auf dem Bogen.
Modell: Frau Geh.=Rat Erler, Berlin.

Chart 103a, 103b, pg [117]

104. **Das Spannen einer runden Decke.**

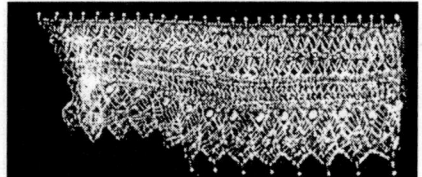

104a. **Das Spannen einer Spitze.**

Auf dem Strick=Typenmuster ist nur eine Type für alle Perlen angegeben. Zuletzt sind beide Beutelteile durch überwendliche Stiche zu verbinden; der Beutel zu füttern und mit einer Trägerschlinge zu versehen.

Abb. 102. Gestrickter Schuppenperlbeutel aus der Biedermeierzeit. Man reiht für diesen Beutel, der mit feiner Seide zu stricken ist, erst eine größere Menge gleichfarbiger Perlen auf und beginnt dann mit 8 Maschen Anschlag. Man strickt nach den auf unserem Typenbogen angegebenen Typen weiter. Von Reihe 4 an beginnt das Einstricken der Perlen. Jede Masche nach der Aufnahme von Perlen, die einfach in der am Muster gegebenen Anzahl dicht an die letzte Masche herangeschoben werden, wird rechts verschränkt abgestrickt. Dadurch bleiben die Perlen auf der Rückseite liegen. In der 9. Reihe werden je 10 neue Maschen aufgenommen. Hierfür strickt man die 1. M. auf der Nadel ab, wendet das Strickzeug und strickt aus der ersten Masche 10 weitere Maschen, siehe Arbeitsprobe 105, wendet, strickt wieder 1 Masche ab und beginnt von vorne. Mit der 10. Reihe beginnt eine neue Schuppenreihe, die in der Mitte der 10 M. die eine Perle einschiebt. Bei Runde 15 und 21 wird die letzte M. der vorhergehenden Nadel als 1. M. auf die folgende Nadel genommen und ebenso 10 M. aufgestrickt wie bei Reihe 9. Runde 21 — 26 strickt man 14 mal in der Höhe und arbeitet dann den am Typenmuster angegebenen oberen Randabschluß. Hierbei wird die 1. M. auf der 4. Musterreihe von der letzten Nadel herübergeholt. Nach Vollendung der Arbeit wird der Beutel gewendet, so daß die linke Maschenseite mit den Perlschuppen nach außen kommt. Die Perlquaste besteht aus 9 Schuppen mit je 25 Perlen. Der obere gehäkelte Randabschluß ist nach Arbeitsprobe 102 leicht nachzuarbeiten.

Abb. 103. Runde Decke mit eingestricktem Perlkranz. Man strickt die Decke in der Runde nach Typ. 103a und beginnt mit 12 M Anschlag, die man zur Runde schließt. Das Muster wird auf jeder Nadel 3 mal wiederholt. Nach jeder Musterrunde folgt eine Zwischenrunde. Die Perlen sind in der Muster= als auch in der Zwischenrunde einzustricken. Nun nach Typenmuster 103b weiter stricken und dieses Muster auf jeder Nadel einmal arbeiten. Nachdem auch der farbige Perlstreifen vollendet ist, kettet man mit der Häkelnadel ab, indem man je 2 Maschen zusammenhäkelt und dazwischen je 8 L. arbeitet.

Abb. 104 u. 104a. Das Waschen und Spannen der Strickspitze. Jede fertige Strickarbeit muß gewaschen und gespannt werden. Nach dem Waschen wird die Arbeit in eine leichte Lösung von Gelatine oder Stärke getaucht und auf eine weiche Unterlage mit rostfreien Nadeln gesteckt, siehe die beiden Abbildungen.

Das Stricken praktischer Gegenstände.

Dem graziösen Spitzenstricken lassen wir das Stricken praktischer Gegenstände folgen. Es dient hauptsächlich dazu, Bekleidungsgegenstände der verschiedensten Art wie: Strümpfe, Jacken, Mützen usw. herzustellen.

Außer dem üblichen Kreuzanschlage, der mit Abb. 2 am Anfang des Kapitels „Das Spitzenstricken" erklärt ist, kommen hierbei für das Neubilden von Maschen noch verschiedene andere Anschläge in Anwendung. Wir geben mit Abb. 105 u. Abb. 106 noch zwei Anschläge, das Aufstricken und den Häkelanschlag. Für das Aufstricken sind zwei Stricknadeln erforderlich. Zunächst bildet man mit einer Nadel eine Luftmasche. Dann strickt man mit der rechten Nadel in diese Masche stechend eine gewöhnliche Masche, deren Schlinge man langzieht, dann, wie die Abb. 105 zeigt, auf die

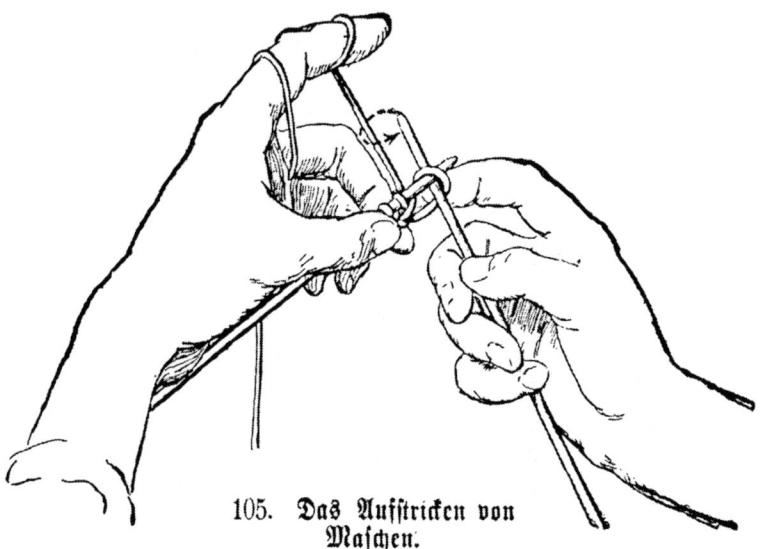

105. Das Aufstricken von Maschen.

linke Nadel hebt und hierauf die Masche zuschürzt Die Fingerhaltung ist genau wie beim Stricken.

Für den Häkelanschlag Abb. 106 braucht man eine Strick= und eine Häkelnadel. Eine Luftmasche bildet den Anfang. Dann sind fortlaufend mit der Häkelnadel Schlingen um die Stricknadel zu häkeln.

Man benötigt diese beiden Anschläge, wenn im Laufe einer Strickarbeit Maschen neu gebildet werden müssen, was wir an einem Beispiel, dem gestrickten Knopfloch, Abb. 107, zeigen. Der gewöhnliche Kreuzanschlag ist hierbei nicht möglich, da der

2. Regulierungsfaden fehlt. — Für das Knopfloch werden zunächst in der erforderlichen Länge Maschen abgekettet und dann in der nächsten Reihe mit Hilfe einer der beiden Anschläge genau so viel Maschen, wie abgekettet wurden, wieder neu zugeschlagen resp. aufgestrickt.

106. Das Aufhäkeln von Maschen.

105a. Aufgestrickte Maschen.

107. Das gestrickte Knopfloch.

28

Abb. 108. Der tunesische Strickstich.

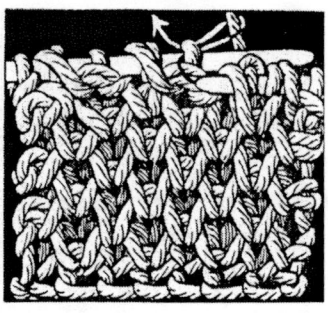

Abb. 110. Netz= oder Gitter= patent (Vorderseite).

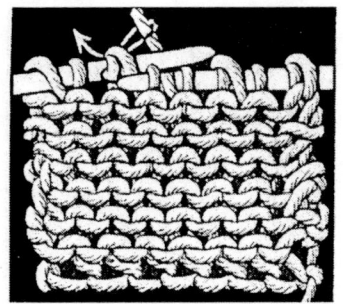

Abb. 110a. Netz= oder Gitter= patent (Rückseite).

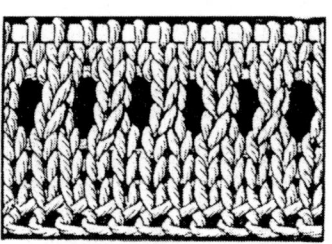

Abb. 112a. Lochreihe für den Mäusezähnchenrand.

Abb. 109. Das einfache Patentstricken.

Abb. 108. Der tunesische Strickstich eignet sich zur Her= stellung von Krawatten und Kragen= schonern. Das Muster wird in 2 Reihen ausgeführt, die sich ab= wechselnd wiederholen. 1. Reihe: * U., 1 M. abh. vom * fortlaufend wiederholen. 2. Reihe: Jeden U. u. die M. r. vschrkt. zusammenstricken.

mit einem durch zwei teilbaren Maschenanschlag gearbeitet. Die 1. Reihe gleicht der einfachen Patent= strickerei, siehe oben. 2. Reihe: (Vorderseite) * 2 M. r., 1 M. abh. (es wird immer der Umschlag ab= gehoben) vom * fortlaufend wieder= holen. 3. Reihe: (Rückseite) * 2 M. r. zusammenstricken (es werden

Abb. 112. Der Mäuse= zähnchenrand.

je die zusammenstehenden M. zusammen= gestrickt) U., 1 M. abh. vom * fortlaufend wiederholen. Nun von der 2. Reihe fort= laufend wiederholen.

Abb. 111 zeigt den doppelten Strick= stich. Er wird in hin= und hergehen= den Reihen ausgeführt. Man schlägt, da diese Strickart auf die Hälfte zusammen= geht, in doppelter Breite Maschen an und strickt dann 1 M. r., 1 M. abh. im Wechsel, wobei beim Abheben der M. darauf zu achten ist, daß der Arbeitsfaden vor der M. liegt, siehe die Abbildung. In der 2. und den folgenden Reihen wird immer

Abb. 109 zeigt die Ausführung der einfachen gleichseitigen Patent= strickerei, die in hin= und her gehenden Reihen oder auch in der Runde ausgeführt werden kann. Man beginnt mit einem durch 2 teilbaren Maschenanschlag. Aus= führung in hin= und hergehenden Reihen. 1. Reihe: * U., abh., 1 M. r., vom * fort= laufend wiederholen. 2. und alle fol= genden Reihen: ** U., abh., 2 M. r. zu= sammenstricken (es werden immer der U. und die in der vorhergehenden Reihe abgeh. M. zusammengestrickt). Vom ** fortlaufend wiederholen.

Ausführung in der Runde: Die Strickart ist die gleiche, jedoch werden abwechselnd in einer Runde die Maschen, die zusammengestrickt werden, rechts zusammengestrickt und in der nächsten Runde links zusam= mengestrickt.

Abb 110 u. 110a. Das Netzpatent wird in hin= und bergehenden Reihen

Abb. 111. Der doppelte Strickstich.

die M. abgehoben, die in der vorher= gehenden Reihe ab= gestrickt wurde. (Die abzuhebende M. liegt immer etwas hinter und die abzustrickende M. etwas vor der Nadel.)

Zur Bildung des Mäusezähn= chenrandes Abb. 112 u. 112a strickt man zunächst meh= rere Runden (3—5) rechts. Arbeitet

Abb. 113. Streifenmuster. Gebildet aus 2 r., 2 l. Gleich= mäßig übereinander gestrickt.

Abb. 114. Schachbrettmuster. Gebildet aus 3 Reihen, 4 M. r., 4 M. l., dann versetzt.

Abb. 115. Pikeemuster. Gebildet aus 2 Reihen, 1 M. r., 1 M. l., dann versetzt.

man hin= und hergehend, so wird auf der rechten Seite r. und auf der linken Seite l. gestrickt. Dann wird eine Lochreihe gearbeitet, bestehend aus abwechselnd 1 U., 2 M. r. zusammen stricken, siehe Abbildung 112a. Nun folgt die gleiche Anzahl Rechtsrunden wie am Anfang, worauf man für den Mäusezähnchenrand je eine

Anschlagmasche mit einer Rechtsmasche zusammenstrickt, sieh Bildung 112.

Abb. 113–115 zeigen drei einfache Strickmuster, deren Ausf nach den Abbildungen und den darunter gegebenen Erklärung leicht ist. Sie eignen sich zur Verzierung von Westen, Jacken, Müt

Der Strumpf.

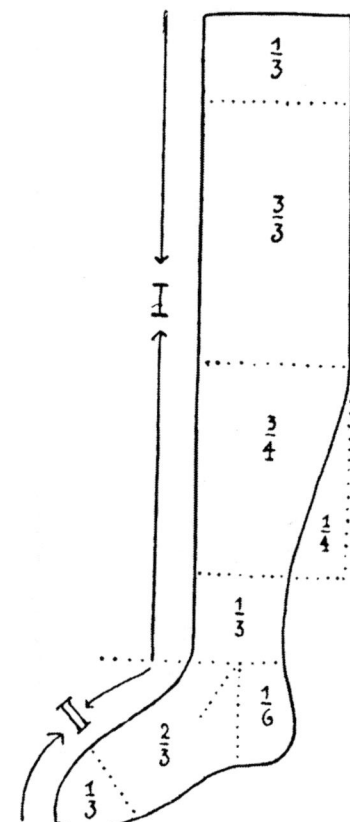

116. Schema für einen gestrickten Strumpf.
Das Bein: 1. Das Ränchen; 2. das erste gerade Stück; 3. das Wadenabnehmen; 4. das zweite gerade Stück. Der Fuß: 1. Die Ferse mit Käppchen; 2. das Zwickelabnehmen; 3. das dritte gerade Stück; 4. die Spitze.

TEXT PAGE NOTES

Note: All patterns without between row, even rows read left to right, odd rows right to left.

INSERTION 17: WITCHES STITCH PATTERN (PG 4)
C 8. Lift off first st of each row. All rows are pattern rows.

INSERTION 18: SMOOTH STEPS (PG 4)
C 8. All rows are pattern rows. The 2 yo in the next row are not knitted. Lift off. This gives the straight ladder steps.

INSERTIONS 20: TWISTED STEPS (PG 4)
C 6. K between pat rows. Knitting 3 rows between pat rows will create the large holes.

INSERTION 21: HOLE PATTERN (PG 4)
C 6. All 2yo K P

EDGING 24: SMALL 1 HOOE EDGING WITH WITCHES STITCH (PG 5)
C 10.

EDGING 25/25A: 3 HOLE WITH WITCHES STITCH EDGE (PG 5)
C 7. R 1,3,5,7 - Lift of first st, yarn-in-front (see pg 3, #7). R 2,4,6,8 - Lift off first st yarn-in-back (see pg 3, #8)

INSERTION 26/26A: 4 HOLE WITH SIMPLE HOLE EDGE (PG 5)
C 20. all between rows P.

INSERTION 31/31A: SOLID LEAF PATTERN (PG 6)
C 17. On each side of leaf pat, add Hole Ground (#17 pg 4)

INSERTION 35/35A: SMOOTH DIAMOND (PG 7)
C 25. Bet R P. 2 yo, P K

EDGING 39/39A: SPIDER (PG 8)
C 8

CHART 40-40A: EDGINGS WITH CORNERS (PG 8)
C 13, Bet R P. R 2,8 - 1 yo. Repeat R 1-8.
To start corner, follow Chart 40a. R 8-18 decrease by skipping last st ea R, decr ea R by 1 additional st. Use stitch holder to hold non working stitches. R 20–39 - Incr the skipped sts. Begin again with Chart 40 to desired length, then rep corner.

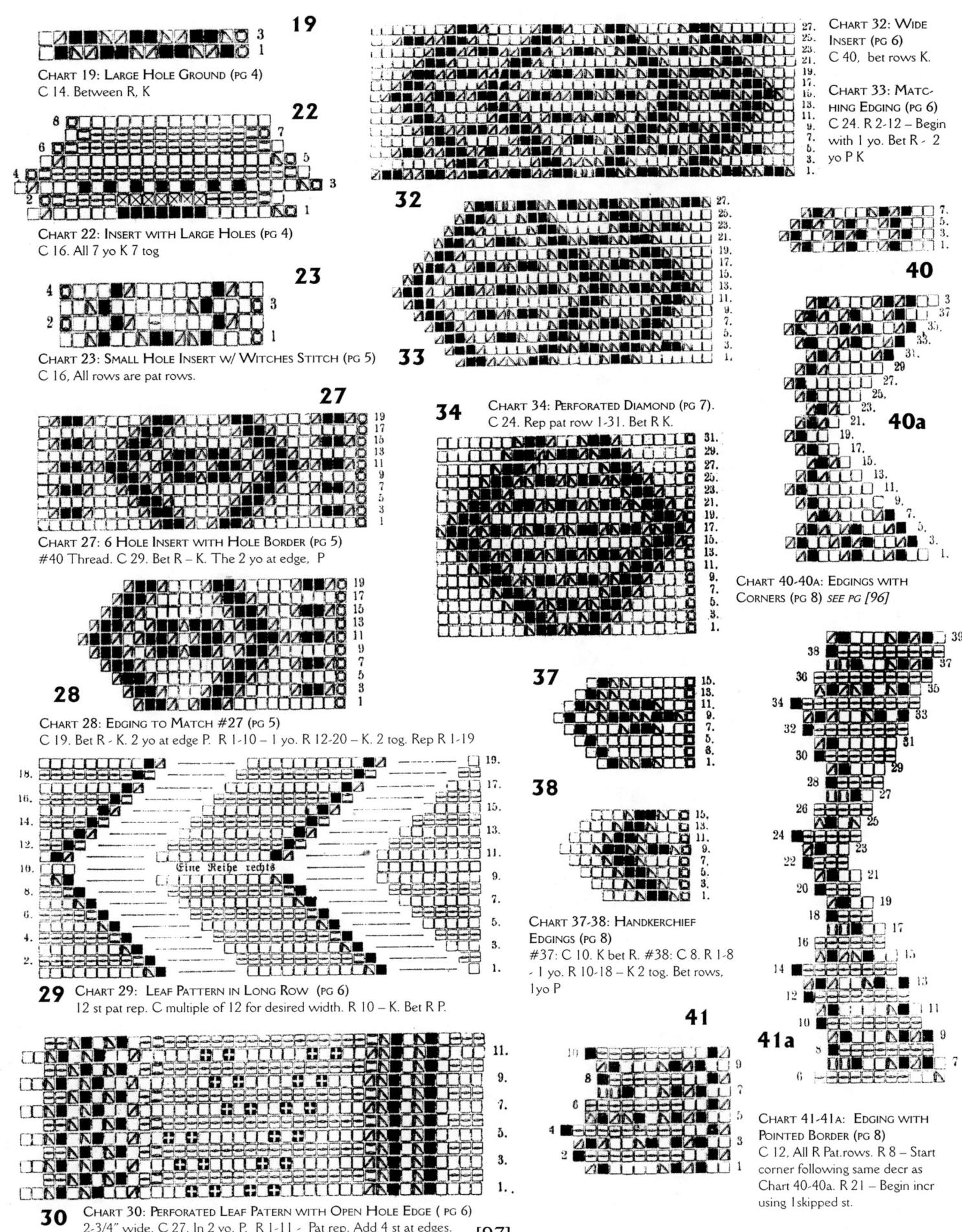

19

CHART 19: LARGE HOLE GROUND (PG 4)
C 14. Between R, K

22

CHART 22: INSERT WITH LARGE HOLES (PG 4)
C 16. All 7 yo K 7 tog

23

CHART 23: SMALL HOLE INSERT W/ WITCHES STITCH (PG 5)
C 16, All rows are pat rows.

27

CHART 27: 6 HOLE INSERT WITH HOLE BORDER (PG 5)
#40 Thread. C 29. Bet R – K. The 2 yo at edge, P

28

CHART 28: EDGING TO MATCH #27 (PG 5)
C 19. Bet R - K. 2 yo at edge P. R 1-10 – 1 yo. R 12-20 – K. 2 tog. Rep R 1-19

29 CHART 29: LEAF PATTERN IN LONG ROW (PG 6)
12 st pat rep. C multiple of 12 for desired width. R 10 – K. Bet R P.

Eine Reihe rechts

30 CHART 30: PERFORATED LEAF PATERN WITH OPEN HOLE EDGE (PG 6)
2-3/4" wide. C 27. In 2 yo, P. R 1-11 - Pat rep. Add 4 st at edges.

32

33

34 CHART 34: PERFORATED DIAMOND (PG 7).
C 24. Rep pat row 1-31. Bet R K.

37

38

CHART 37-38: HANDKERCHIEF
EDGINGS (PG 8)
#37: C 10. K bet R. #38: C 8. R 1-8
- 1 yo. R 10-18 – K 2 tog. Bet rows,
1yo P

CHART 32: WIDE
INSERT (PG 6)
C 40, bet rows K.

CHART 33: MATCHING EDGING (PG 6)
C 24. R 2-12 – Begin
with 1 yo. Bet R - 2
yo P K

40

40a

CHART 40-40A: EDGINGS WITH
CORNERS (PG 8) SEE PG [96]

41

41a

CHART 41-41A: EDGING WITH
POINTED BORDER (PG 8)
C 12, All R Pat.rows. R 8 – Start
corner following same decr as
Chart 40-40a. R 21 – Begin incr
using 1 skipped st.

[97]

Typen-Erklärung:

□ Rechte Masche

Ⅲ 2 Rechtsmaschen

⊟ Linke Masche

■ Umschlag

⊞ Doppelumschlag

⊠ Rechtsverschränkte Masche

◪ 2 Maschen rechts zusammenstricken

◩ 1 Masche abheben, die nächste rechts stricken, die abgehobene überziehen

▱ 2 Maschen links zusammenstricken

◪ 3 Maschen rechts zusammenstricken (d. h. die 1. Masche abheben, die beiden nächsten Maschen rechts zusammenstricken, dann die abgehobene über die gestrickten ziehen).

Ⅲ 3 Maschen links zusammenstricken

ⅢⅡ 4 Maschen rechts zusammenstricken

◪ 5 Maschen rechts zusammenstricken

◻ 1 Masche abheben

☰ Abnehmen mit der Häkelnadel

⊠⊠ 2 Maschen kreuzweise rechts abstricken; hierfür zieht man die 2. Masche durch die erste, strickt diese erst rechts und dann die andere

⊿◣ Aus 1 Masche 2 Maschen stricken (siehe Abb. 12, S. 3)

⊠ Aus 3 Maschen 2 Maschen stricken; hierfür strickt man 3 Maschen zusammen ab, läßt die entstandene Masche auf der Linksnadel, und strickt diese verschränkt ab

◣◪ 2×2 Maschen zusammenstricken, hierauf die beiden entstandenen Maschen auf eine besondere Nadel nehmen und den Arbeitsfaden 10× um die Masche wickeln (Muſche)

▤ Muſche; hierfür strickt man die betreffenden drei, reſp. zwei Maschen ab, hebt dieſe auf eine Hilfsnadel und umwickelt ſie mit dem Arbeitsfaden 20×, dann werden die umwickelten Maschen auf die rechte Nadel gehoben und weiter gearbeitet; zurückgehend werden die Maschen geſtrickt

⊞ Die 1. Masche auf die vorhergehende Nadel ſtricken

⊞⊞ Die 2 erſten Maschen auf die vorhergehende Nadel ſtricken

◪ Umschlag, den man fallen läßt

⊞ 1 Masche rechts, die um die fallengelaſſenen Umſchläge greift

◣ Raupe

⊞ Perle

CHART 42-44: THREE VARIATIONS OF SCALLOPED EDGING (PG 9)

#42: C 27. R 8,16 – Lift off first 8 st. All 2 yo P, K

#43: C 21. Bet R K. All 2 yo P K. R 11 – Lift off 11 st onto fine cro hk, from left-to-right, then pull the working thd loosely thru these stitches. Put the loop from Cr Hk onto Rt ndl. The 11 stitches now hang from the loop. K next 3 st. In next R K P 5 st into loop. Rep from R 1

44: C 27. Bet R K. R 12,24 – Last off first 8 st. Yo K P

CRAFT 45 – WIDE EDGING (PG 9)

C 61. R 1 – follow instructions for Mussel st. Bet R K. 2 yo P K. R 2,16,24,26 – Beg with K 2 tog. R 32, 34, 42-56 – Bet R start 1 yo, all other bet Rows, lift off 1 st. R 55 – Rep from R 1.

CHART 52: EDGING (PG 10)

Work horizontally, C for desired width.
Pat rep of 13 st worked in diagonal stripes. Bet rows K P following previous row. Mussel st worked every 5th R in K pat. Using center 4 st K 2x2 tog. Put st on a hold ndl and wrap for Mussel st 48x. For a good selvege add 3 st.

CHART 54: FICHE (PG 11)

54a (pg 11): Close up of Fichu collar worked with #100 thd.
C 19. R 1-36 – Rep 23x. R 4-5 –K 6 st. R 6-7 – K all stitches. Neck edged of collar finished with 1 R sing cro, and second row of dbl cro with picot.

CHART 57-59 THREE VARIATIONS FOR A SQUARE (PG 12)

#57 (Chart on pg 103): C 9. R1-R29 - Inc. R29 – Begin to dec. Bet R, K

#58: Start from outside, working in. C 156 on to 4 ndls. Work 1 triangle pat on each ndl. Bet R - K.

#59 : Square Worked from Center Out. C 8, 2 onto 4 ndls using double thd. (pg 12 #55), close circle. Pat worked on each needle forming a triangle., Bet R K.

CHART #60 – 3-1/4" LACE BORDER ON 7" EMB SQUARE (PG 13).

Work single crochet around emb square. C 36 onto each side. Use a cro hk and go under each cro st and pull working thd up and onto knitting needle. Rep around all 4 sides than start pat. R 23 - Crochet off 1 st into 2 K st, 8 chn, rep.

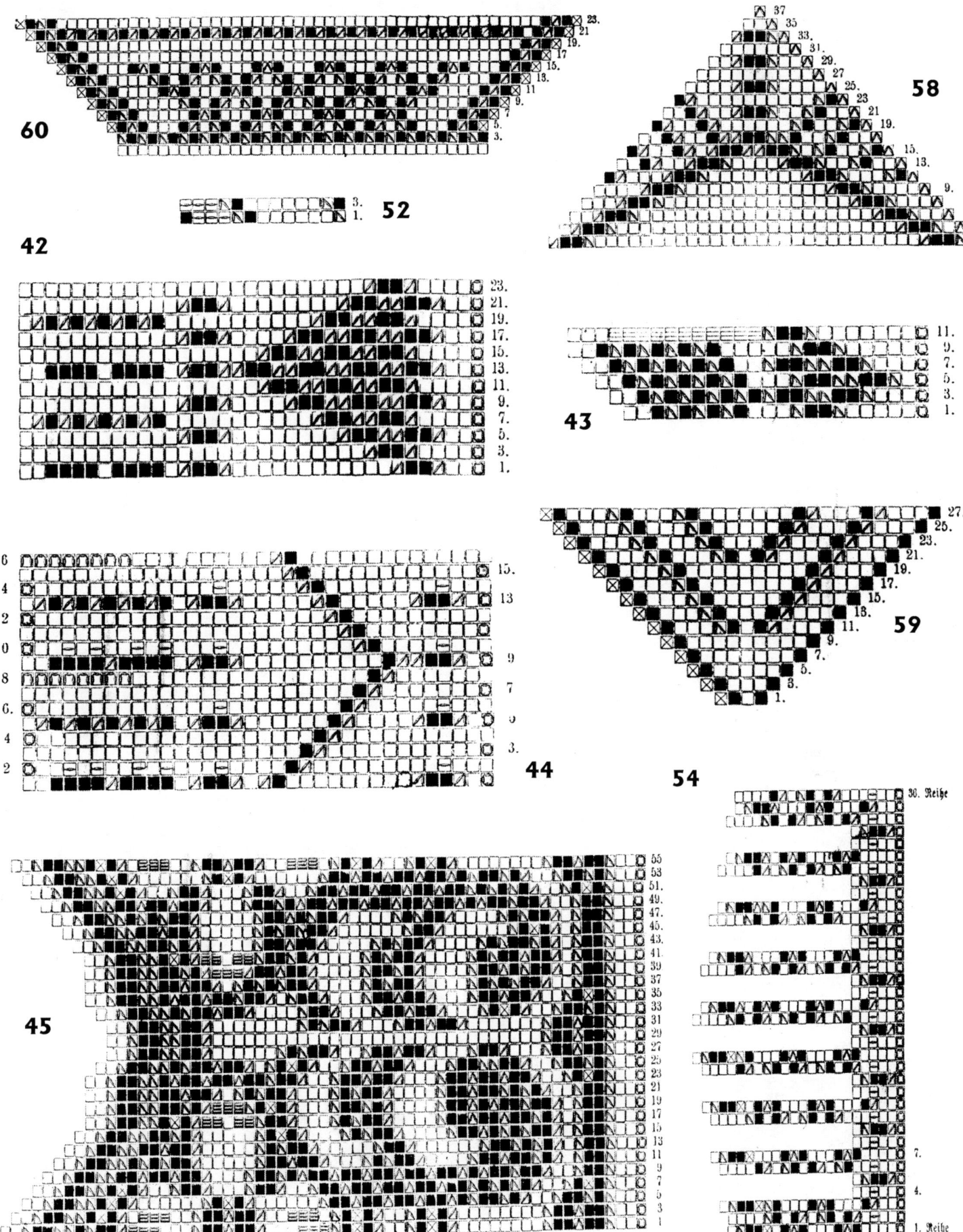

[99]

Chart #63-67 Five different star patterns (pg 15)

C 8, 2 on ea of 4 ndls. Pat rep 2x /ndl. R 25 - Put first st on last ndl. R 48 - move last st of ea ndl to next ndl.

#64, #66: C 8, 2 per ndl. Close ring. Pat rep 2x per ndl. Bet R, K.

#65: C 8, 2 per ndl. R 2-8 - K. All Bet R, K. R 10(starts pattern) - K last 2 st of ea pat R tog. Pat rep 2x ea ndl.

#65-67: Ea have 8 spirals, all bet R, K. Cast off loosely and block.

#67: C 8, 1 per ndl (8 ndls). Bet R, P, K following previous row.

Chart #68/68a Round Doily with Sewn Border (pg 16)

C 7. 2 pat rep on 3 ndls, 1 pat rep on last ndl. R 14 and following, pat rows only.

#68: R 2, 4, 6 - K. R 13 - S last yo on 4th ndl onto 1st ndl of R 14. R 14 - S last yo of ea ndl onto next ndl and K. For mussel st, see #48, pg 10.

68a: Border for 68 (pg 16): C 27. 2 yo K as 1 st. R 1-19 - pat row, rep 12-1/2 x. Pat for border is adapted from pat 36, pg 7 and pg 46, pg 10. Join ends with invisible st to doily #68.

Chart #69 Delicate 7 Pointed Star (pg 16)

C 7. 3 ndl 2 pat rep. last ndl, 1 pat rep. Bet R, K. R 11-33 - All Pat rows. Outer border for doily. Use pat #46, pg 10.

#95a See pg 111

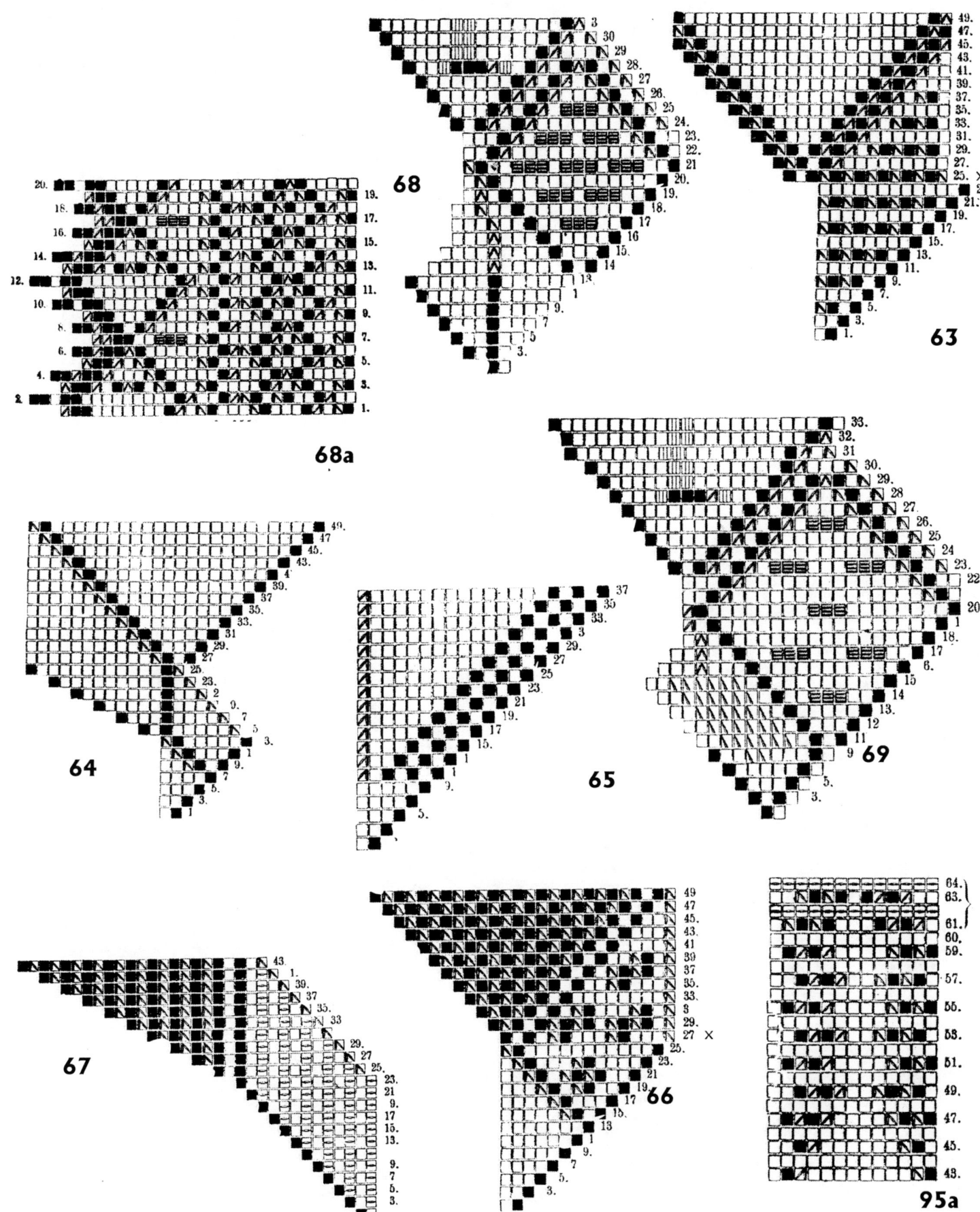

68

68a

63

64

65

69

67

66

95a

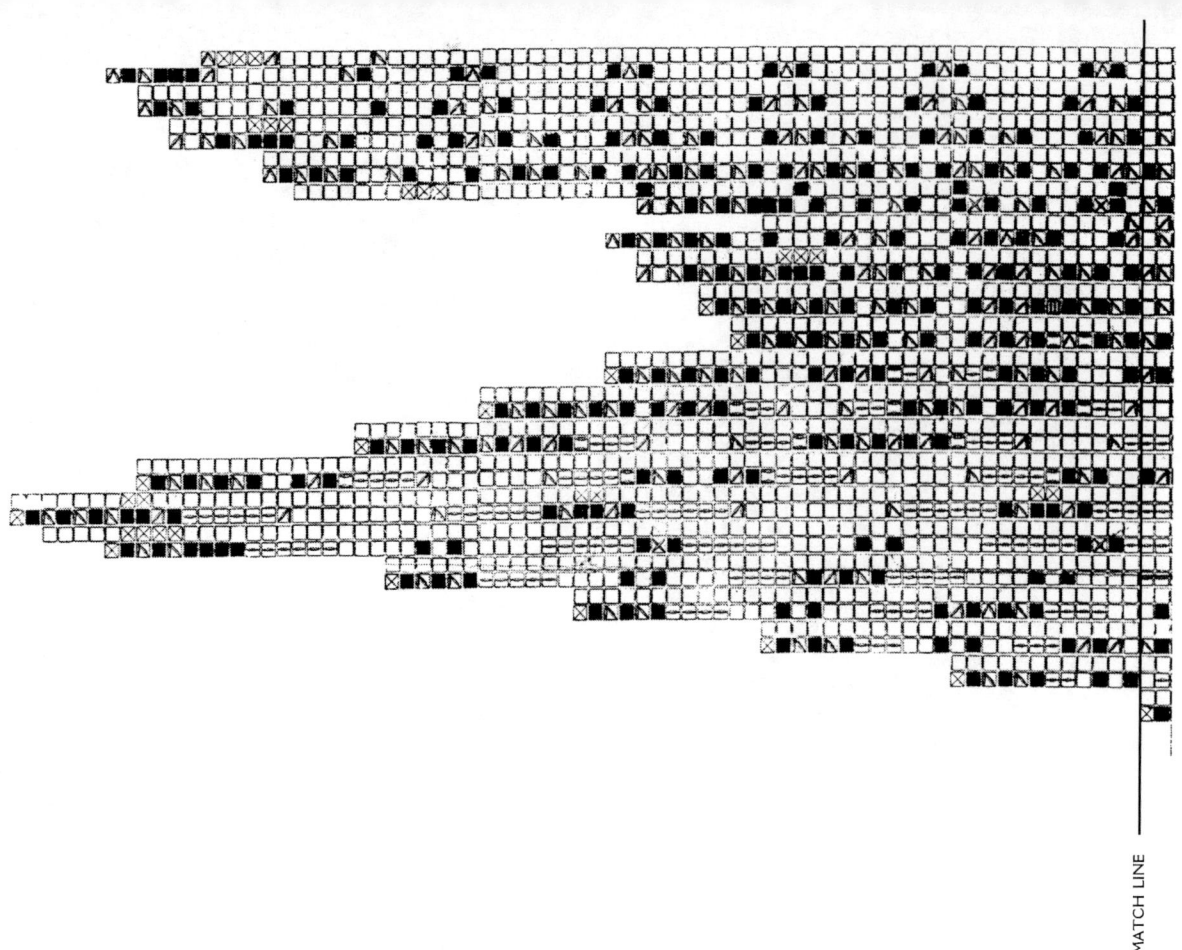

MATCH LINE

CHART #61 SQUARE CLOTH /W LEAF PATTERN, (PG 13)
14" sq with #50 thd. Work from ctr out.

C 8, 2 per ndl. Leaves are set in a K, P background. See
61a, pg 13.

CHART #57 - SEE PG 98 (PG 12)

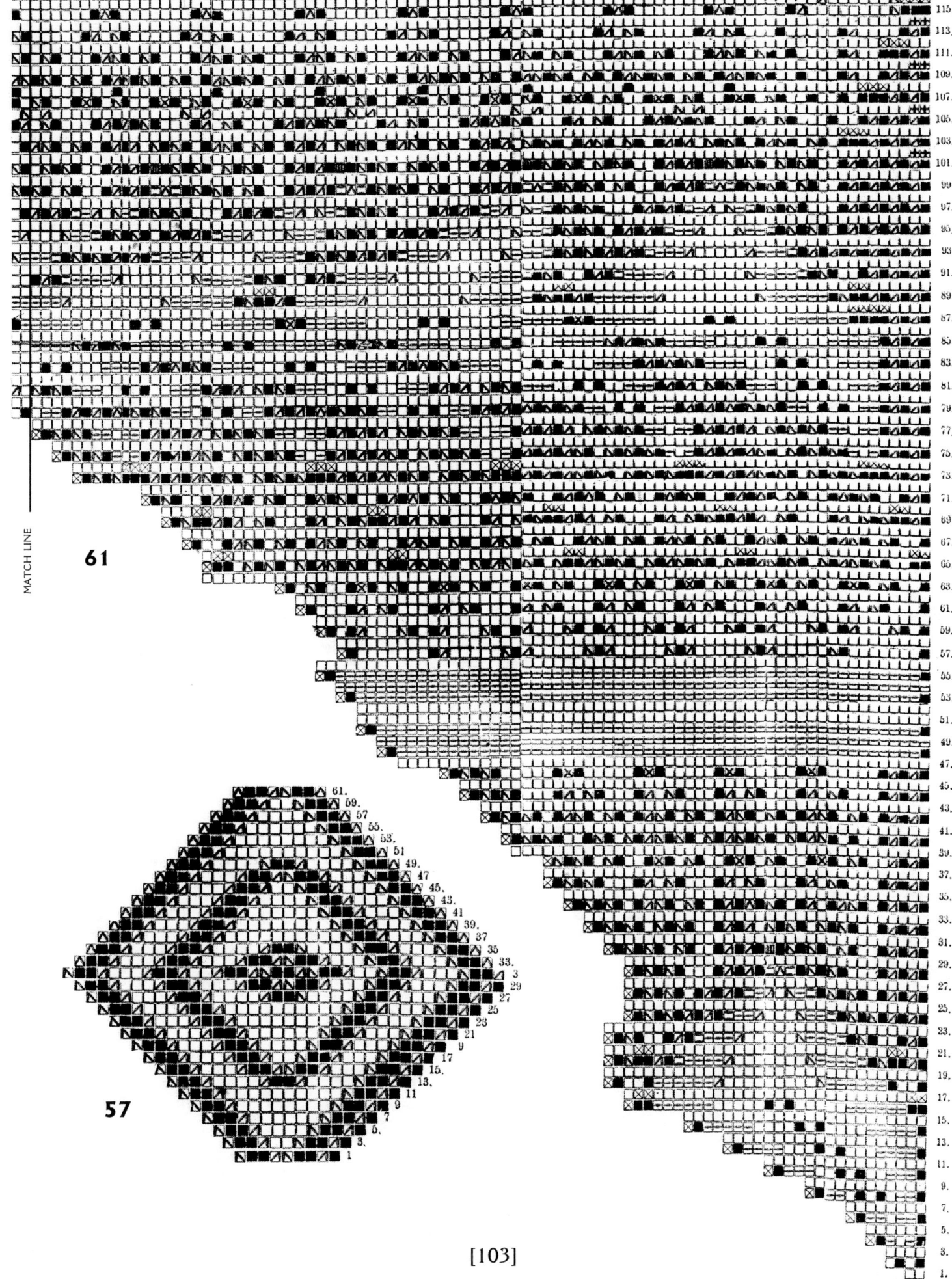

MATCH LINE

61

57

[103]

Chart #46 – Pointed Edging with Mussel Stitch (pg 10)

C 15. Using #50 sewing thread make 35 wraps for Mussel Stitch (See #48, pg 10).

Chart #47 – Pointed Edging (pg 10)

C 16. At 3 st tog work uniformly to create clear diamonds.

Ill #48-50 (pg 10) – Three Wrapped Stitches: Shell, Mussel and Nobby Stitch

Worked on a short support needle, wraps varying from 10-40 depending on size of thread and pattern. Put stitches from support needle on right ndl and K in next row.

Chart 51: Lace Insert (pg 10)

Worked width-wise, 17 st repeat. C multiple of 17 plus 8. All Bet R – K on K, P on P. Pat I and III are outer edges, Pat II is 17 st repeat. Mussel St, K 2 x 2 tog. Put these 2 st on support needle, wrap 10x, put st on rt ndl. Beg R 20 – start with 1 yo.

Chart 62a – Border for Large Cloth (pg 14)

Size #10 thread. C 19. Pat R 1 – 31, rep to desired length.

Chart #70/70a (Ctr Section) – 30" Round Leaf Patterned Cloth (pg 17)

C 8. Work in 4 sections (4 Pat rep per row), 1 per ndl. R 1 - K all st tbl. Bet R, K. R 66 - cast off for centetr, #70a. Continue Pat #70 through R 80. Starting again at R 22 through R 126. At R 70 – 16 pat rep. To enlarge doily further repeat R 68-80. Cro off into 2 K, 1 cro, 1 chn.

For a 5 leaf pat C 10. 5 Pat rep per R. For a 6 leaf pat C 12. 6 Pat rep per row.

Chart #77 – 12 Sided Star Small Doily (pg 20)

C 9 st on 3 ndls. R 1-29 – K bet R. All yo, K, P. R 31-44 – All yo are 2 yo. Bet R in 2 yo, K 1. All 5 yo in R 11, work tbl. R 15 – divide sts onto 4 ndls. Pat rep 3 x per ndl. R 31 and following – all Pat R. R 44 – cro off into 2 K, 1 cro, 12 chains.

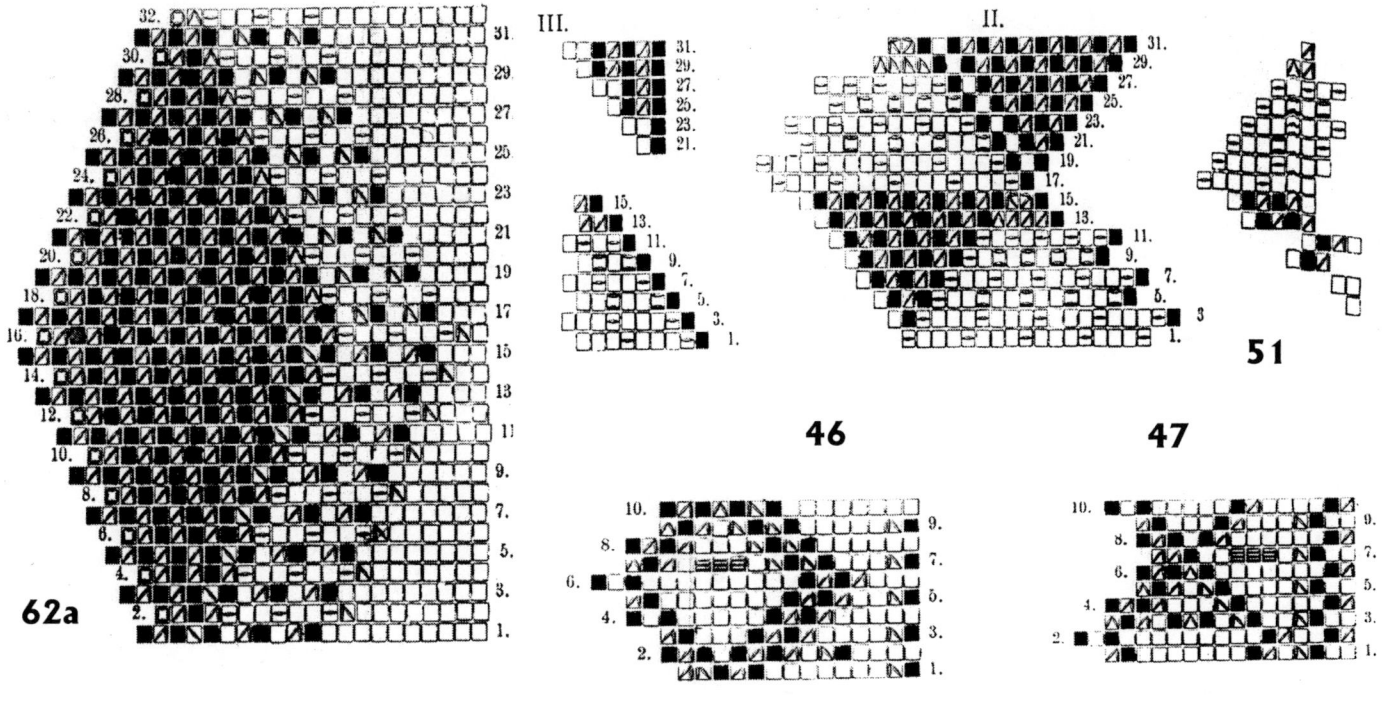

62a

III.

46

II.

47

51

70

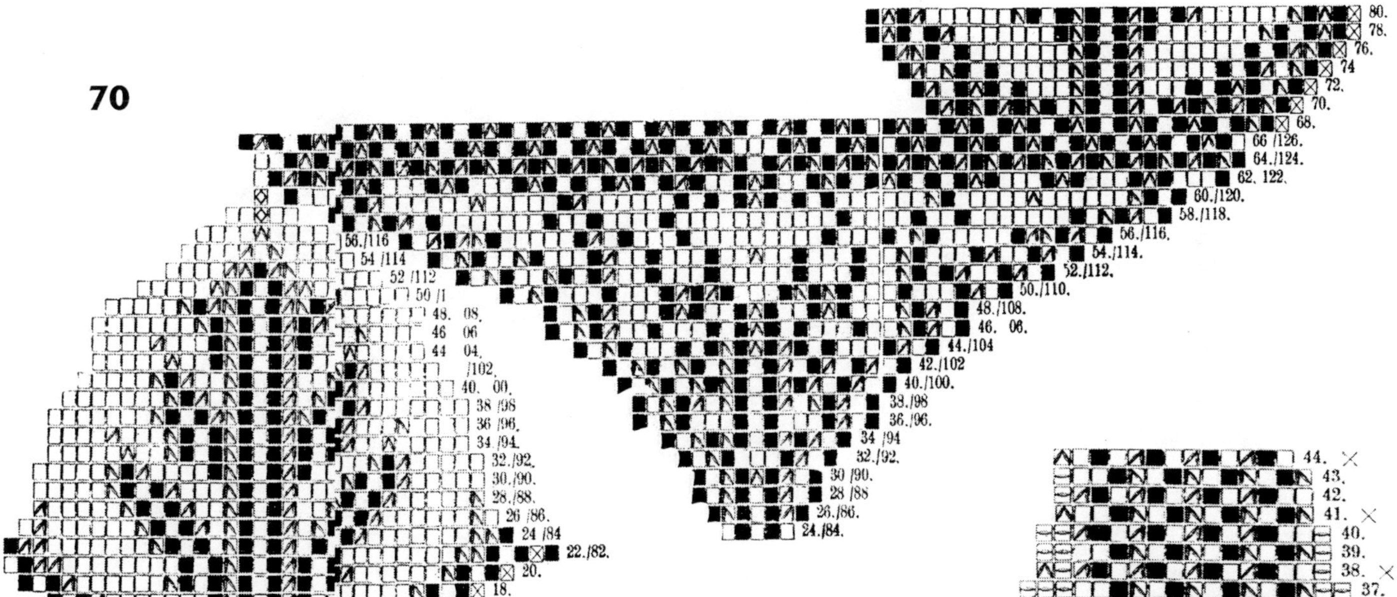

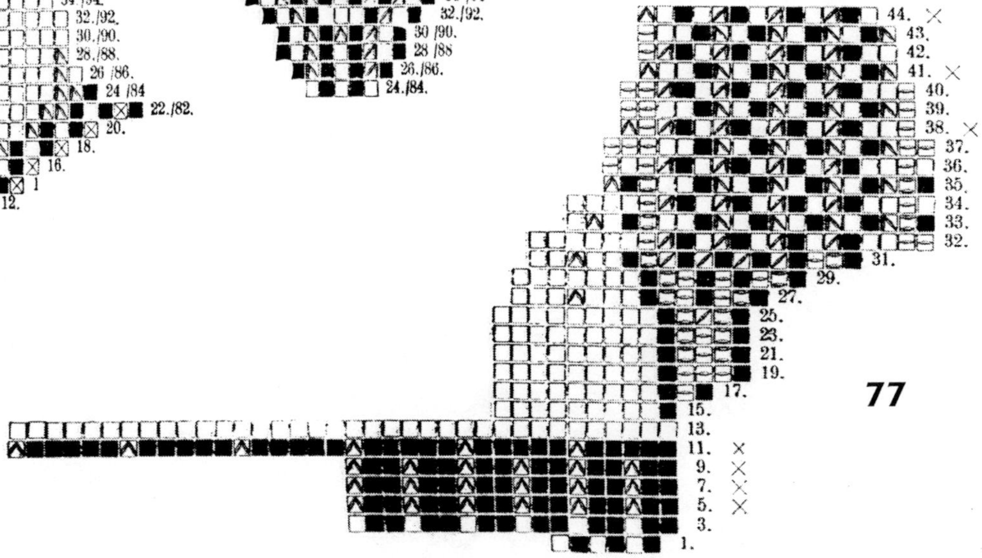

77

CHART #71 – 12 STAR WITH OPEN WORK (PG 17)

16" if worked w/ #20 thd. C 12, 4 on 3 ndls. 2 rep on ea ndl. Bet R, K. Pat rep 6x pet row. R 52 completes 1 star spray. R 31 – First 7 st onto 4th ndl of last R. R 59 – Last st K onto R 60. R 102 – Last st K out to R 103. R 52 completes 1 star spray.

CHART #78 – 6 POINTED DOILY (PG 20)

C 6 st, 2 on ea of 3 ndls.. From R 37, 4 ndls are used, dividing pat on ndls 2 & 4, 2 pat ea and ndls 1 & 3 1 pat ea. From R 16 on, bet R, K. Pat R 6x pr R. R 14,28,36,44,54 in all yo K, P. R 10 & 42, K in ea 2 yo. R 19,21,23,25,31,33,35,37,39,41,43 – K onto last ndl. R 54 – Cast off loosely.

CHART #83 – BACKGROUND PAT (PG 22)

Pat rep 8 st. Bet R, P. R 5 – K 2 tog. Rep 1-11

CHART #84 – BACKGROUND PAT (PG 22)

8 st rep. Work *witches ground*. R 7 – Lift off first 2 st onto separate ndl. K next 2 st, 1 yo, put holding st onto lft ndl K 2 tog. Pat R 1-8.

CHART #85 – BACKGROUND PAT (PG 22)

6 st rep, R 1-15 – Bet R, P.

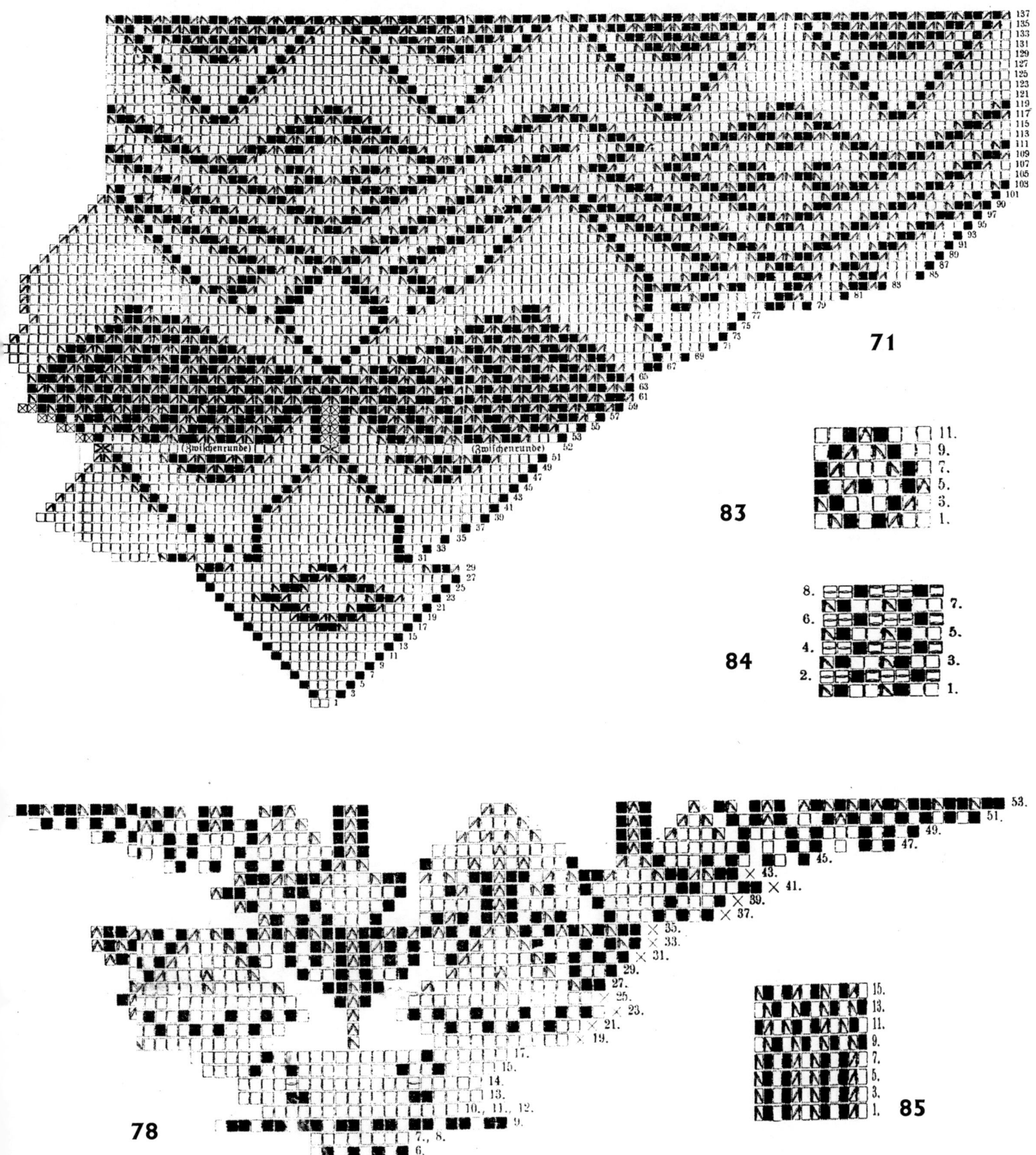

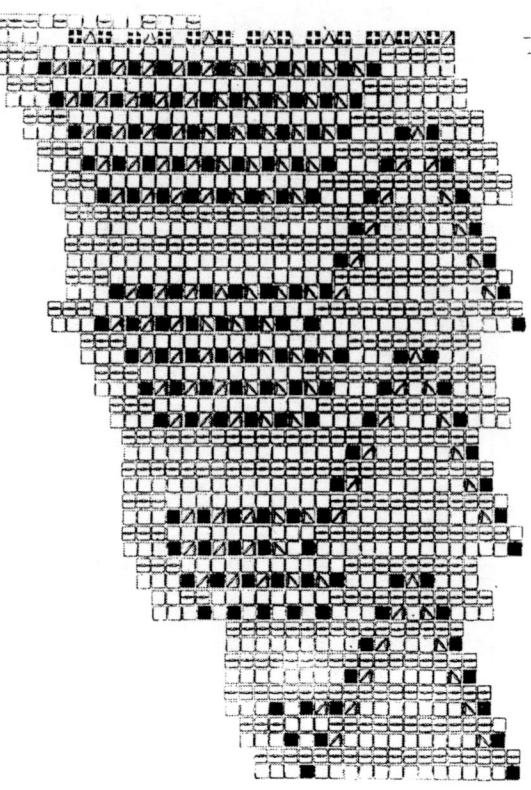

CHART 53 ROUND COLLAR (PG 11)
Knitted from inside-out w/ 2 ndls, #40 thd

C 106. K, P 2 R. R 3 – 1 yo, 2 tog for an open R. (See p 29, 112a). First & last 3 st, K for open edge, K, P, K next 3 rows, then start pat. Pat has 3 sec. Read from rt to lft. #I, 1 rep, #II, 4 rep, #III, 1 rep. R 53 - all yo, K 1. Cast off loosely and block.

CHART 72: ROUND DOILY WITH 4-SIDED CENTER STAR (PG 18) USING #100 THD.

C on 8, 2 on ea of 4 ndls, 1 pat rep ea ndl. R 15 – 1st and 2nd st, K on to last ndl. R 25 - 1st and 3rd st, K onto last ndl. This shifts the pattern.

CHART #74 DOILY WITH 8 POINTS (PG 19)

C 8, 2 on ea of 4 ndls. K 1 R followed by pat R 1. K 2 R followed by pat R 4. K 3 R followed by pat R 8. K 4 R followed by pat R 13. Next rows follow chark with bet R, K. R -14,18,22,42 - all yo, K, P. R 41 – K 2 pat rep on ea ndl. R 60, Cast off loosely.

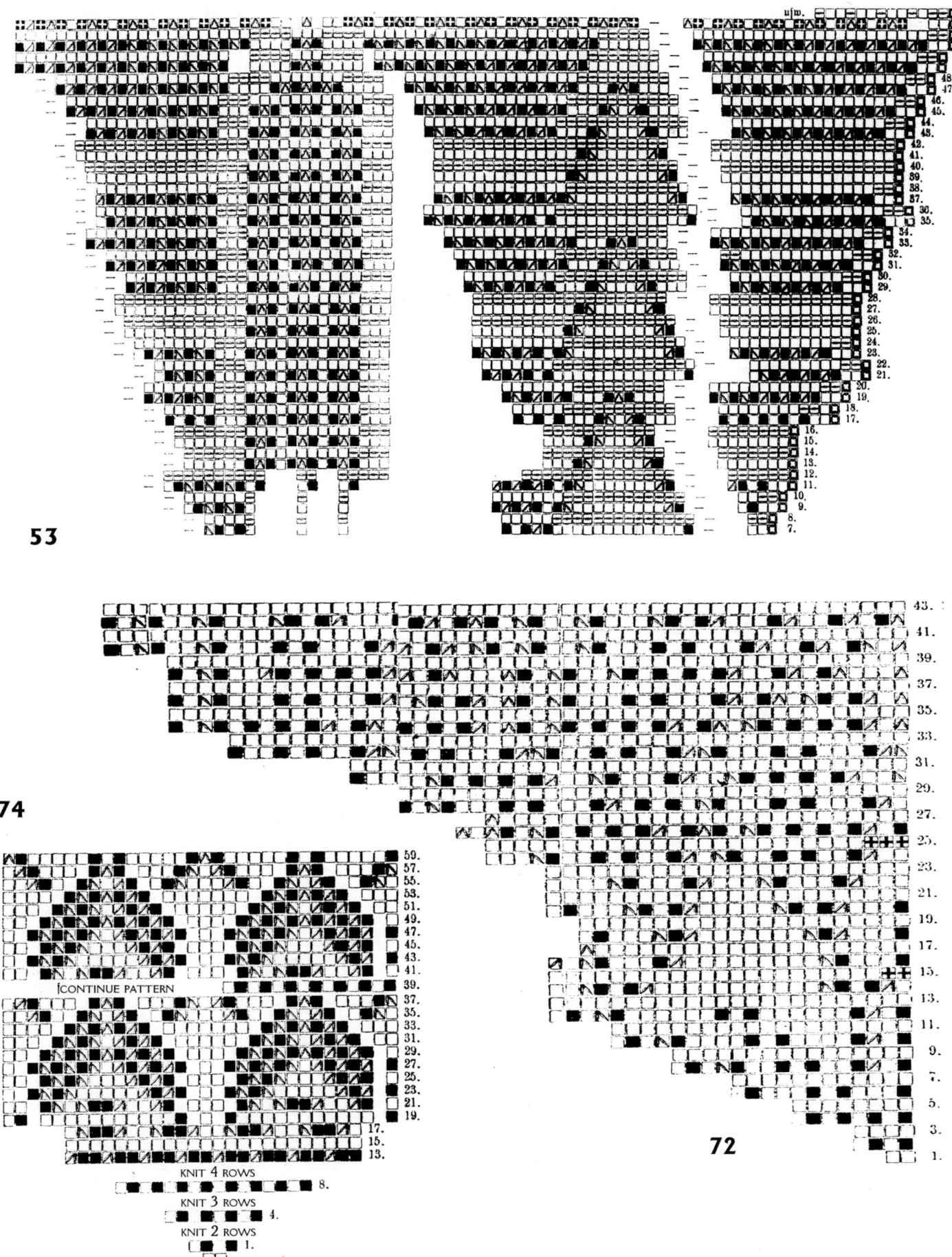

53

74

CONTINUE PATTERN

KNIT 4 ROWS

KNIT 3 ROWS

KNIT 2 ROWS

72

Chart #95 - Christening Bonnet with Center Star (pg 25)

C 7 on 4 ndls. 2 pat rep on 3 ndls. 1 pat rep on 4th ndl. Bet R, K. R 12 – Begin herring-bone pat #95a.

Note: This pattern is also used for bottom of beaded purse, Pat #101 (pg 114)

95A: Herring-bone Repeat (See Chart pg 101)
Rep 12 x

95B: Border for Bonnet (Chart pg 113)
C 10. Bet R, K. Rep R 1-9 as needed, picking up from existing stitches.

Chart #76 - 6 Sided Star (pg 20)

C 12 on 6 ndls, 2 ea. Pat rep 6x per row. R 11,33,40, 48,60 – K first st and transfer to last ndl. R 60 – Cast off loosely.

Chart #80-89 - Inserts (pg 22)

Worked crosswise. Pat is multiplied by # of st per pat. Add 8 st for selvage, 4 per edge. Patterns are used for stockings, gloves, baby bonnets, samplers.

#80-81 - 6 st pattern. Bet R, P.

#82 - 8 st pattern. All rows are pat rows.

#87 - 18 st pattern. Bet R, K on K, P on P. All yo, P. Bet R, P. Pat shift by 1 st to left in the 7 rows. In next 7 rows shift is to the right.

#88 - 8 st pattern, Bet R, P.

#89 - 15 st pattern. K in round. R 1-5 - yo dropped. R 6 – K all dropped yo with 1 st tog (see pg 22). 7 R tbl all yo. Pat rep R 1-7

Illustration #93 - Glove (pg 24)

Chart 93a – Cuff Insert
Knitted from edge to edge, with 8 K for cuff opening (see ill 93). 6 st rep. Bet R, P.

Chart 93b – Wrist Insert
10 st pat. Rep 4x. In last R, 2yo, K, P

Chart 93c – Large Wrist Pat in Glove
Worked from forefinger to little finger. 4 st repeat. Bet R, K.

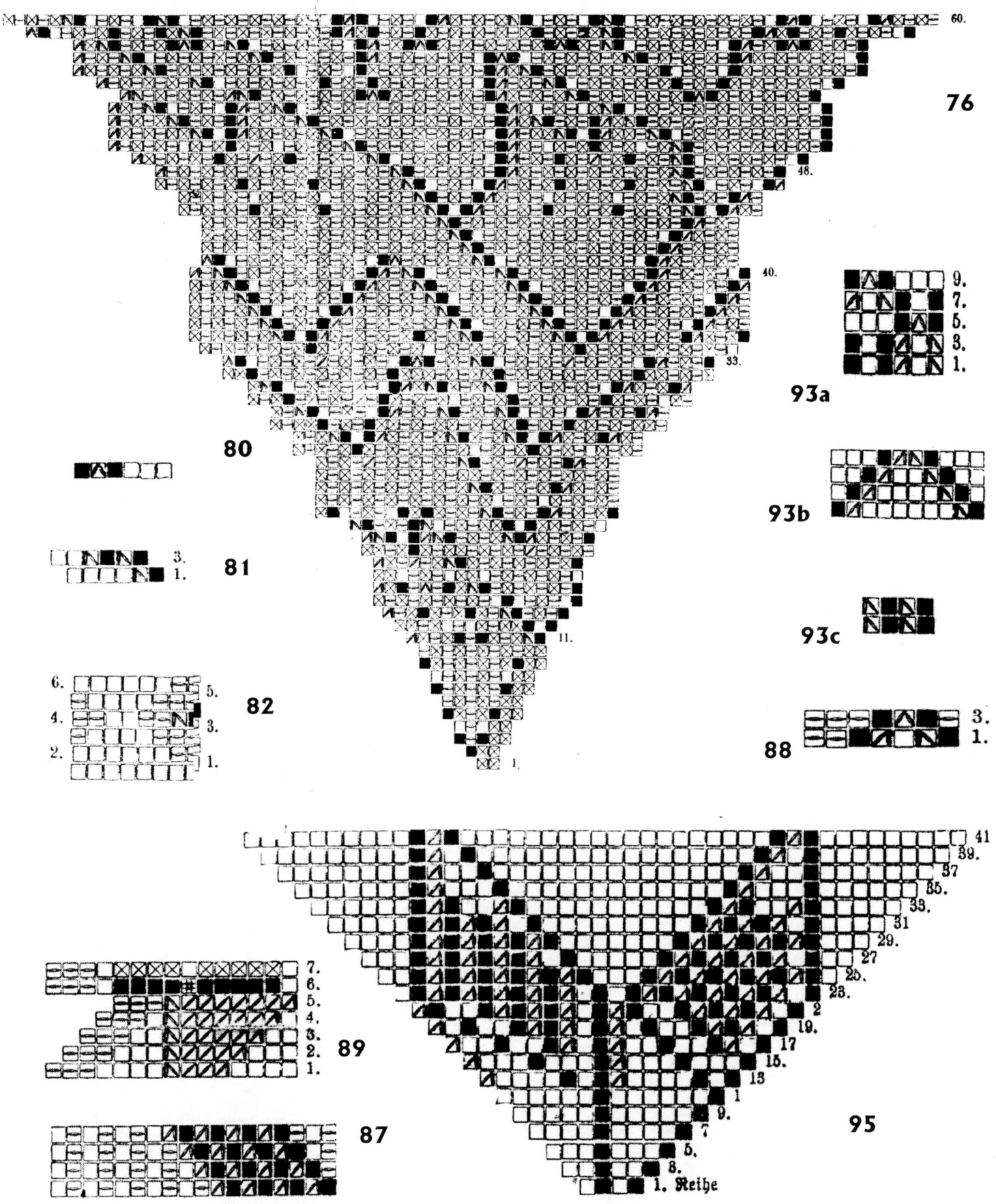

76

93a

93b

93c

80

81

82

88

89

87

95

[111]

Chart #62 - Large Cloth (pg 14)

30 separate squares plus a separate border using #10 thread

C 8 st, 2 per ndl. Bet R, K. All yo P. 1 pat rep per ndl. R 22,24,26,28,30,32 - 2 st bet yo, work psso.

Border #62a (see pg 105)

Chart #90 - Peacock Feather Cloth (pg 23)

59" with#10 thread. C 12, 3 per ndl. 1 pat rep per ndl. R 4 - rep 24x. The number on side of pat indicates no of bet R to K. thus 2 = 2 rows bet ea pat row etc.

Chart #91 – Peacock Feather Collar (pg 23)

C 100 + 8, allowing 4 stitches at each edge for selvege. K 3 rows. Start with Pat #90, R 16. Rep pat 20 x. Bet R, K, P . K 13 pat R + bet R. Cro off loosely, 1 chn, 1 cro.

Chart #92 – Drawstring Bag (pg 24)

#12 Pearl cotton with contrasting lining. C 8. Ea ndl, 1 pat rep. R 31 - K first 2 st and put on previous ndle. R 33,35,37,38 K first st and put on last pat row ndl. R 39-46 – Rep 6 x.

Chart 92a – Drawstring Holes (pg 24)

Work as last row for open holes. Cro off 1 cro into 1 K, 1 ch, Last R work a picot edge. Work 1 cro st around ch of last row. Cro 5 chn, cro into 1 st of chain for picot. Cro into cro st of last row. Rep to complete. Cro 2 chn for drawstring, to desired length.

Chart #94 – Insert for Ladies Stocking (pg 24)

Using regular stocking pattern, K to 1/2 length below knee. On 2nd & 3rd ndl, K 51 st pat. Patt rep 3 x. Rep R 1-10 for desired length. (See detail 94a pg 24) .

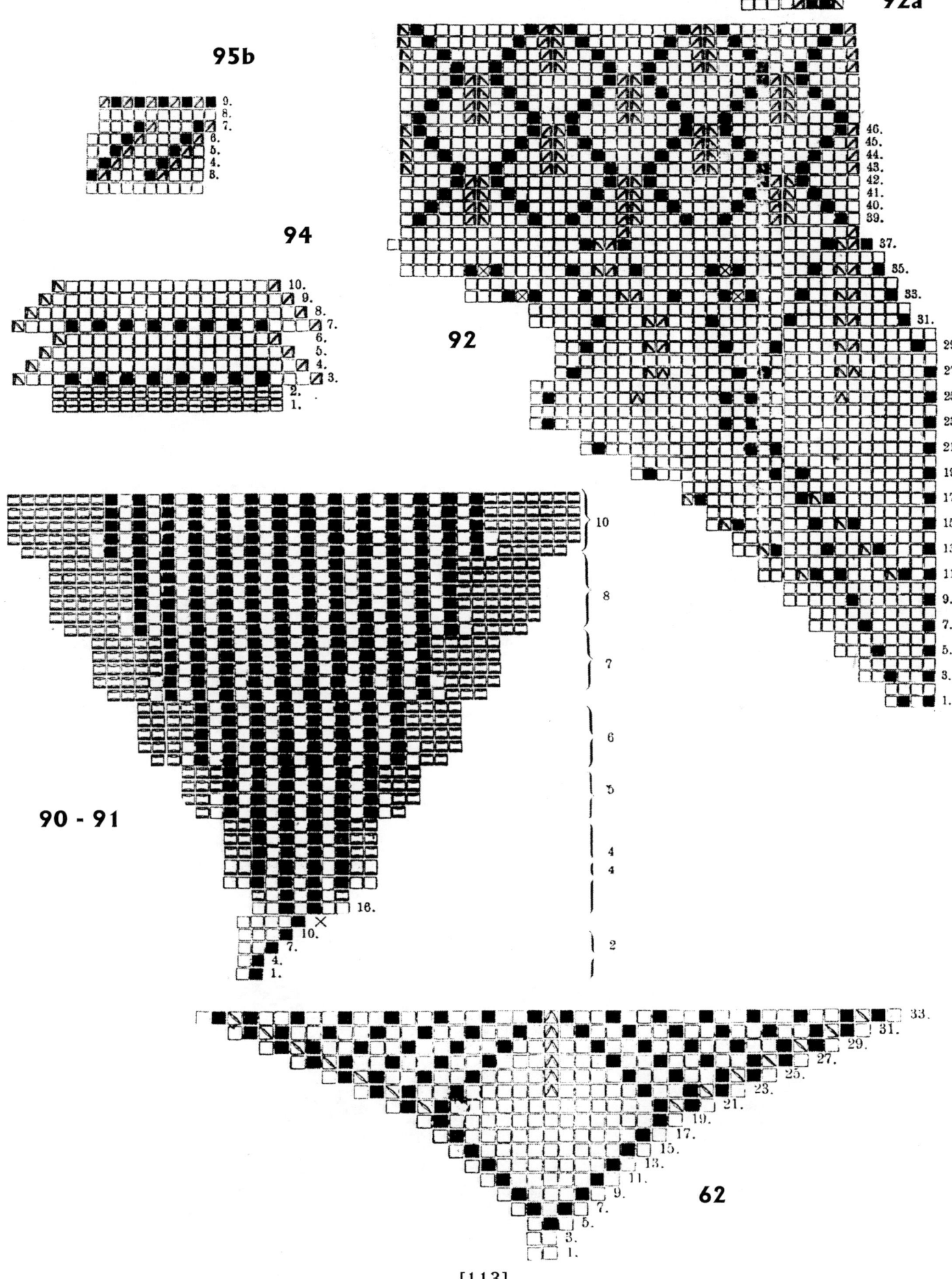

95b

92a

94

92

90 - 91

62

Chart 101 – Beaded Purse (pg 26)

Worked in 2 stages. Start with Pat #95 (doily). Cast off at R 35. Start Pat #101a which is joined to Pat #95 per original instructions. [ed note: suggest working in one piece by putting beads on the inside. When complete, bag is turned inside-out. Check Pat #102 for technique]

Pat #95 (pg 111)

Pre string 2 hanks golden yellow bds. C 8. Pat ret 4x per ndl. At beginning of the 8 pointed star pat, add 1 bd at 2nd st. Continue to R 35. Cast off and continue following with 6 row border shown on 101a. Begin rose pattern section 101a and solid pattern section, 101b, 4 repeats.

Prestring no more tan 5-6 rows beads, reading pat from top down. Last row of bds will be first to knit.
At completion of rose pat, follow top border sections. When finished, turn inside-out, sew in a lining and small rings for draw string.

101a Rose Pattern section, See pg 115
4 repeats 101a and 101b

101b

101a Border secrion See pg 115

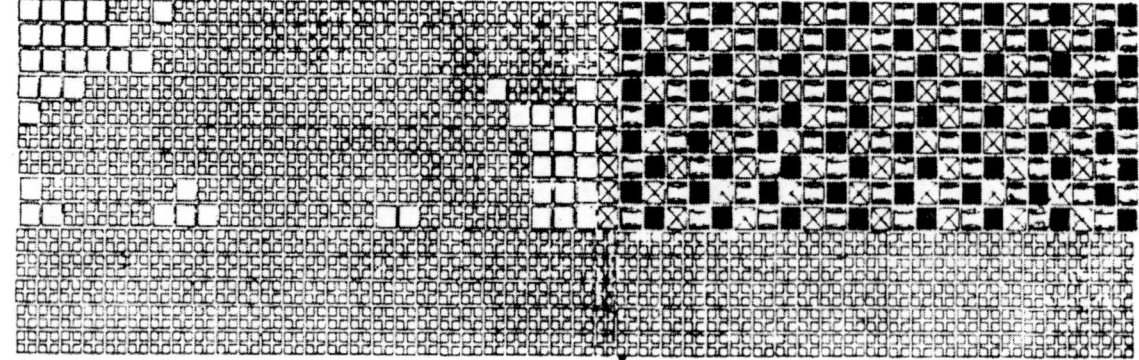

101a

	Knit
	White, Opaque
	Dusty Rose, Opaque
	Dark Rose, Opaque
	Strawberry, Opaque
	Yellow-Green, Opaque
	Blue Green, Opaque
	Corn Yellow, Opaque
	Garnet Red, Clear
	Golden Yellow, Clear
	Turquoise, Clear
	Dark Green, Clear

Chart #96 - Wineglass Cover (pg 25)

C 8, 2 per ndl. Follow pat R, 1 pat rep per ndl. R 31 - Move last st from ea ndl to next ndl. R 35 – Cro off losely.

Chart #97 - Wineglass Cover (pg 25).

C 8, 2 per ndl. Follow pat R. 1 pat rep per ndl. R 31 - Cro off loosely.

Chart #86 - Zig Zag Line Insert (pg 22)

Pat multiple of 4 st + 4 st for ea selvedge edge. Rep R 1-18 as required.

Chart 103a - Round Beaded Doily (pg 27)

2 hanks beads (one color). C 12, 3 on ea of 4 ndls. Pat rep 3x on ea ndl. Bet R, K. (Continue with 103b)

Chart 103b - Rose Pattern Continuation (pg 27)

Prestring four colors of beads: red, ✕ white,   green and   dusty rose. Follow pat for border of doily #103a, 1 rep per ndl. Cro off 1 cro into 2 K, 8 chn, rep.

Illustration #99 – (pg 26)

Basic instructions for bead knitted items. All beads to be prestrung onto working thread, stringing for no more than 5 rows at a time. Read pat from top down so last R is first in your knitting. All beads are pushed to back of work, and K in a tbl. When adding more beads, cut ball from work, read next 5 pat rows down and add thread back to work with weaver knot (see diagram #100).

For bead work. Size 11 seed beads are recommended and are available in largest color range. Thread choice can be #8 perle cotton, or silk buttonhole twist.

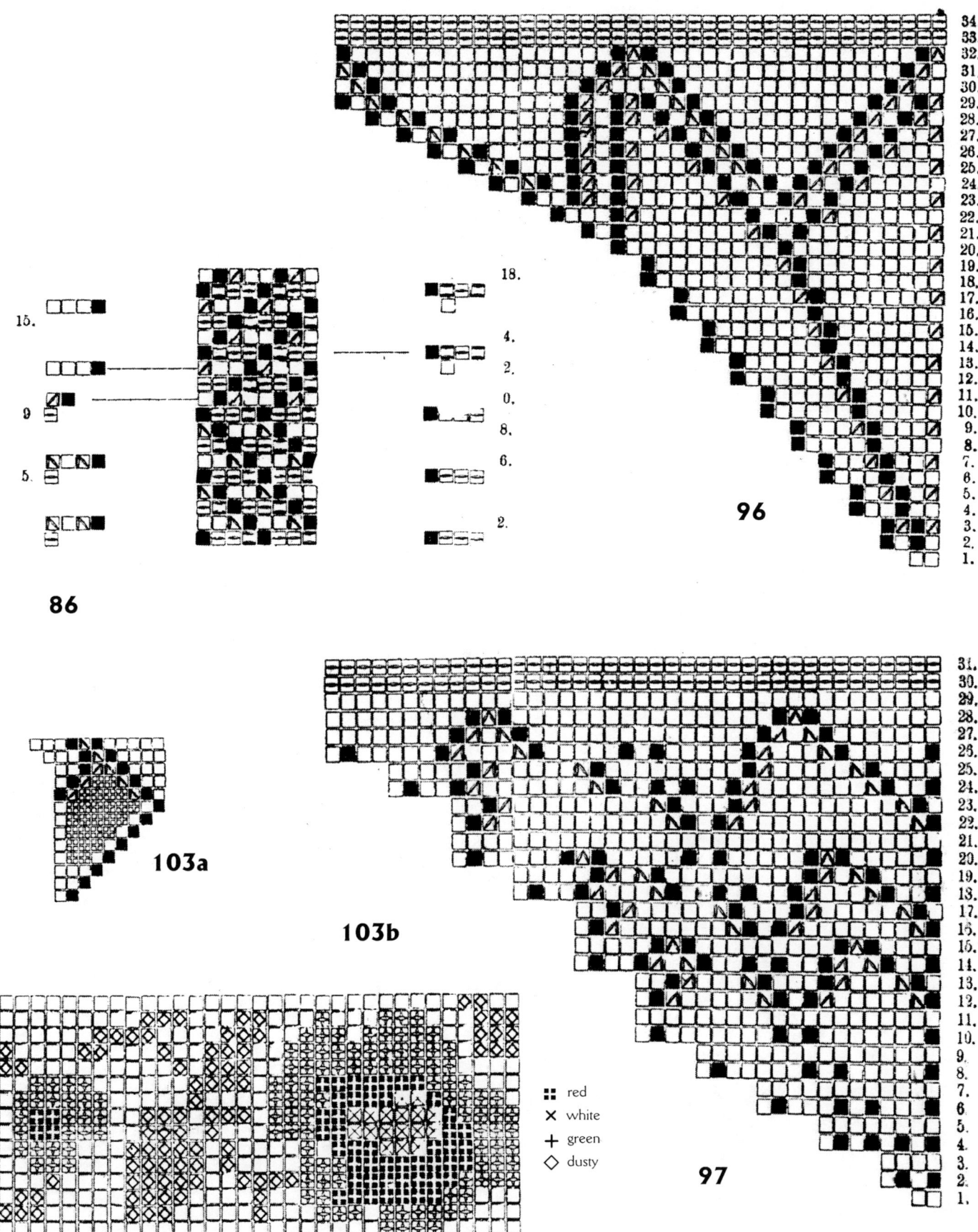

86

96

103a

103b

97

■ red
✕ white
+ green
◇ dusty

CHART #102 – BEADED PURSE (PG 26)

String beads onto working thread. C 8, 2 per ndl. R 4 – Start using beads. Knitted beads are pushed close together, all beads incorporated in tbl (see illustration #99, pg 26). Beads will sit on inside of bag. R 9 - 10 st added. K first st, turn work and into this st work 10 st (see illustrations #105/105a pg 28). Do same for each ndl. Next R, K 1 bead into middle of these 10 st. This increases width of bag. Rep again in R 15 and 21, R 15,21 - move last st onto previous ndl. R 21-26 – Rep 14 x. R 26 - move first st onto last ndl of next 4 pat rows. Start rest of border pat at R 27. Next 9 R without beads. At finish, cro off solid, 1 cro st into each K st (see illustration #102a pg 26). After every 5 cro st make 12 chns, forming loop.

The bag is turned inside-out so that all bds are visable. Add a small tassel made of 25 bds per strand. Make 9 strands and sew onto bag. Finish with a drawstring cord made from same thread.

CHART #75 – DOILY WITH KNIT BORDER (PG 19)

C 8, 2 per ndl. K 2 R, 2 pat rep per ndl. Bet R, K. R 39-45 – Bte R are 5 R of K. R 46-50 – K, R 60-64 – K, 66-70 – K. X on 55, 59. K first st onto previous ndl.

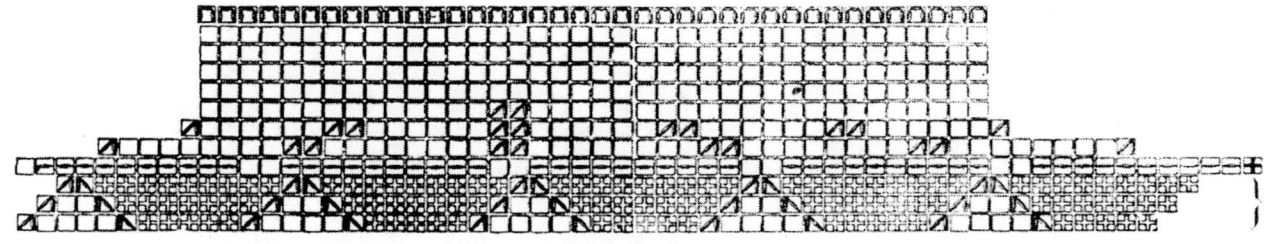

UPPER BORDER OF BAG

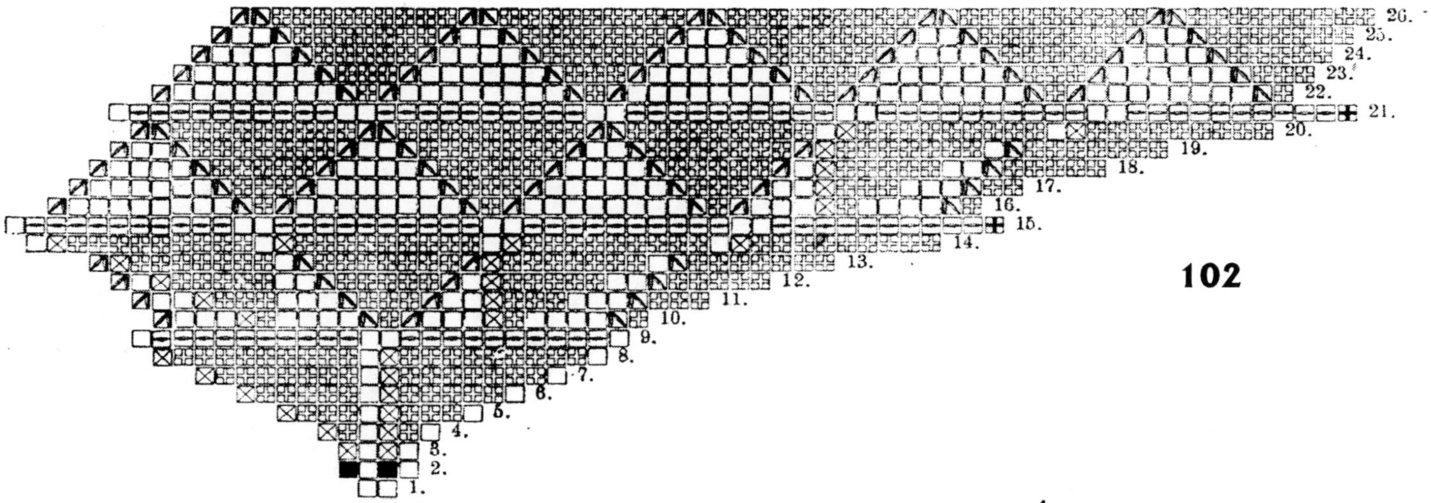

102

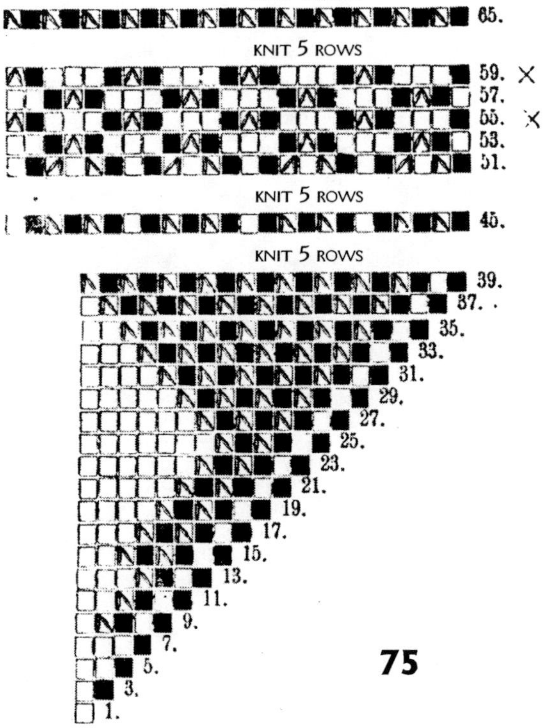

KNIT 4 ROWS

KNIT 5 ROWS

KNIT 5 ROWS

KNIT 5 ROWS

75